KOCHBUCH "NÜTZLICHER KOHL UND KIMCHI"

Ein Leitfaden zu 100 nährstoffreichen Kohl- und Kimchi-Kreationen

CONRAD SEIDEL

Urheberrechtliches Material ©2024

Alle Rechte vorbehalten

Kein Teil dieses Buches darf ohne die entsprechende schriftliche Zustimmung des Herausgebers und Urheberrechtsinhabers in irgendeiner Form oder auf irgendeine Weise verwendet oder übertragen werden, mit Ausnahme von kurzen Zitaten, die in einer Rezension verwendet werden. Dieses Buch sollte nicht als Ersatz für medizinische, rechtliche oder andere professionelle Beratung betrachtet werden.

INHALTSVERZEICHNIS

INHALTSVERZEICHNIS **3**
EINFÜHRUNG **6**
KIMCHI **7**
   1. CHINAKOHL-KIMCHI 8
   2. CHINAKOHL UND BOK CHOY KIMCHI 10
   3. CHINESISCHES KIMCHI 13
   4. WEIßES KIMCHI 15
   5. RETTICH-KIMCHI 18
   6. SCHNELLES KIMCHI MIT GURKE 21
   7. VEGANES KIMCHI 23
   8. BAECHU KIMCHI (GANZKOHL-KIMCHI) 25
   9. WEIßER RETTICH-KIMCHI/ KKAKDUGI 27
   10. SCHNITTLAUCH-KIMCHI/PA-KIMCHI 30
   11. ZWIEBEL-KIMCHI MIT PFEFFER 32
   12. GRÜNKOHL-KIMCHI 35
   13. GEFÜLLTES MINI-GURKEN-KIMCHI 37
KOCHEN MIT KIMCHI **39**
   14. KIMCHI-PFANNE/KIMCHI- BOKKEUM 40
   15. KIMCHEE-NUDELN 42
   16. GEBRATENER KIMCHI-REIS MIT SPAM 44
   17. CONGEE-FRÜHSTÜCKSSCHALEN AUS DEM SLOW COOKER 47
   18. RINDFLEISCH - BROKKOLI-BOWLS MIT KIMCHI 49
   19. SCHWEINEFLEISCH UND KIMCHI-PFANNE/KIMCHI- JEYUK 52
   20. RINDFLEISCHSCHALEN MIT ZUCCHININUDELN UND KIMCHI 54
   21. KIMCHI- POMMES 57
   22. KOREANISCHE RINDFLEISCH-ZWIEBEL-TACOS 59
   23. KOREANISCHES KIMCHI JJIGAE (EINTOPF) 61
   24. KIMCHI-TOFU-SUPPE 64
   25. CROISSANTS MIT KIMCHI UND BLAUSCHIMMELKÄSE 66
   26. KIMCHI-NUDELSALAT 70
   27. LACHS UND KIMCHI MIT MAYO POKE 72
   28. KIMCHI-LACHS-POKE 74
   29. KOREANISCHE BBQ- SCHWEINEFLEISCH-POKE-BOWL 76
   30. PROBIOTISCHE FRÜHLINGSROLLEN 78
   31. KIMCHI RAMEN 81
   32. FERMENTIERTER GEMÜSEEINTOPF 83
   33. QUINOA-KIMCHI-SALAT 85
   34. PROBIOTISCHE GUACAMOLE 87
   35. KIMCHI-SAUCE 89
   36. GEWÜRFELTES DAIKON-RETTICH-KIMCHI 91

37. Herzhafte Pfannkuchen 93
38. Speck - Kimchi-Paella mit Hühnchen 95
39. Gegrillter Käse mit koreanischem Rindfleisch und Kimchi 98
40. Koreanischer Brisket-Kimchi-Burger 100
41. Soja-Curl-Kimchee-Frühlingsrollen 103
42. Eintopf-Kimchi-Ramen 105
43. gebratener Kimchi-Reis 108
44. Kimchi-Krautsalat 110
45. Kimchi-Quesadillas 112
46. Kimchi-Avocado-Toast 114
47. Kimchi-Tofu-Pfanne 116
48. Kimchi-Hummus 118
49. Kimchi-Sushi-Rollen 120
50. Kimchi-Teufelseier 122
51. Kimchi-Caesar-Salat 124
52. Kimchi Guacamole 126
53. Kimchi-Pfannkuchen/ Kimchijeon 128
54. Chinakohlsalat mit Kimchi-Sauce 130

EINGELEGTER KOHL **132**
55. Klassischer eingelegter Kohl 133
56. Piccalilli 135
57. Einfaches Sauerkraut 137
58. Würziger asiatischer eingelegter Kohl 139
59. Mit Apfelessig eingelegter Kohl 141
60. Mit Dill und Knoblauch eingelegter Kohl 143

KOCHEN MIT KOHL **145**
61. Rotkohl-Krautsalat 146
62. Fidschianisches Chicken Chop Suey 148
63. Weißkohl und Kartoffeln 151
64. Grüne vegetarische Tostadas 153
65. Mangold- und Brokkolisaft 155
66. Rettich-Kohl-Krautsalat 157
67. Regenbogensalat mit Kohl 159
68. Microgreens & Zuckererbsensalat 161
69. Bittersüßer Granatapfelsalat _ 163
70. Cooler Salat für Lachsliebhaber 165
71. Pilz-Reispapierrollen 167
72. Asiatischer Gnocchi-Salat 170
73. Kohlknödel _ 172
74. Taiwanesische gebratene Reisnudeln 174
75. Kohl und Edamame-Wraps 176
76. Gebratener Eierreis in einer Tasse 178
77. Kohllasagne 180

78. Japanischer Kohl Okonomiyaki 182
79. Rotkohl-Grapefruitsalat 184
80. Kohl-Schweinefleisch-Gyoza 186
81. Vegetarische Wonton- Suppe 188
82. Kohl- Fisch-Tacos 190
83. Schweinefilet-Crostini mit Kohlsalat 192
84. Açaí- Bowl mit Pfirsichen und Kohl-Microgreens 195
85. Obst- und Kohlsalat 197
86. Red Velvet-Salat mit Roter Bete und Mozzarella 199
87. Kohl und Orangensaft 201
88. Frühlingskohlsuppe mit knusprigen Algen 203
89. Kohl-Granatapfel-Salat 205
90. Rindfleischsalat mit eingelegten Goji-Beeren 207
91. Kohl-Rüben-Suppe 210
92. Rotkohl mit Chrysanthemen s 212
93. Kohlpfanne 214
94. Kohlrouladen 216
95. Kohl-Wurst-Suppe 218
96. Kohlsalat mit Zitronendressing 220
97. Kohl-Kartoffel-Curry 222
98. Kohl-Garnelen-Pfanne 224
99. Kohl-Pilz-Pfanne 226
100. Kohl-Erdnuss-Salat 228

ABSCHLUSS **230**

EINFÜHRUNG

Willkommen beim „Kochbuch "nützlicher kohl und kimchi", Ihrem ultimativen Leitfaden zur Erkundung der Welt des nährstoffreichen Kohls und der Kunst, köstliches Kimchi herzustellen. Dieses Kochbuch ist eine Hommage an die unglaubliche Kohlvielfalt und die transformative Kraft der Fermentation und bietet Ihnen 100 Rezepte, um Ihre kulinarischen Erlebnisse mit diesen gesunden Zutaten zu bereichern. Begleiten Sie uns auf einer Reise, die die gesundheitlichen Vorteile und den kräftigen Geschmack von Kohl und Kimchi auf Ihren Tisch bringt.

Stellen Sie sich eine Küche vor, die vom Duft von frischem Kohl und den würzigen Noten von gärendem Kimchi erfüllt ist. „Kochbuch "nützlicher kohl und kimchi" ist nicht nur eine Rezeptsammlung; Es ist eine Erkundung der vielfältigen verfügbaren Kohlsorten und der unzähligen Möglichkeiten, wie Kimchi Ihre Mahlzeiten bereichern kann. Egal, ob Sie ein Kimchi-Kenner sind oder jemand, der neu in der Welt der fermentierten Lebensmittel ist, diese Rezepte sollen Sie dazu inspirieren, die Vorzüge von Kohl und die Kunst der Kimchi-Herstellung kennenzulernen.

Vom klassischen Chinakohl-Kimchi bis hin zu einfallsreichen Kreationen mit Rotkohl, Wirsing und vielem mehr ist jedes Rezept eine Hommage an den Nährstoffreichtum und die kräftigen Aromen, die Kohl auf Ihren Tisch bringt. Egal, ob Sie ein traditionelles koreanisches Festmahl zubereiten, mit Fusionsgerichten experimentieren oder Ihren täglichen Mahlzeiten eine nahrhafte Note verleihen möchten, dieses Kochbuch ist Ihre Anlaufstelle für die Erkundung der Welt von Kohl und Kimchi.

Tauchen Sie mit uns in die gesundheitlichen Vorteile, Aromen und kulturellen Bedeutung von Kohl und Kimchi ein, wobei jede Kreation ein Beweis für die Vielseitigkeit und Lebendigkeit dieser einfachen, aber wirkungsvollen Zutaten ist. Sammeln Sie also Ihren Kohl, erlernen Sie die Kunst der Gärung und begeben wir uns auf ein kulinarisches Abenteuer mit dem „Kochbuch "nützlicher kohl und kimchi".

KIMCHI

1. Chinakohl-Kimchi

ZUTATEN:
- 1 Chinakohl , quer in 5 cm große Stücke geschnitten
- ½ mittelgroßer Daikon-Rettich, geschält und der Länge nach geviertelt,
- dann in ½ Zoll dicke Stücke schneiden
- 2 Esslöffel Meersalz
- ½ Tasse Wasser
- 2 Frühlingszwiebeln, in 5 cm lange Stücke geschnitten
- 3 Knoblauchzehen, gehackt
- 1 Esslöffel geriebener frischer Ingwer
- 1 Esslöffel koreanisches Chilipulver

ANWEISUNGEN:
a) Geben Sie die Kohl- und Daikonstücke in eine große Rührschüssel.
b) Geben Sie Salz und Wasser in eine separate kleine Schüssel. Zum Auflösen mischen. Über das Gemüse gießen. Zum Erweichen über Nacht bei Zimmertemperatur stehen lassen.
c) Am nächsten Tag abgießen und das Salzwasser, in dem das Gemüse eingeweicht wurde, auffangen. Die Frühlingszwiebeln, den Knoblauch, den Ingwer und das Chilipulver zur Kohlmischung geben und gut vermischen.
d) Füllen Sie die Mischung fest in ein ½-Gallonen-Glasgefäß mit Deckel. Gießen Sie das zurückgebliebene Salzwasser in das Glas und lassen Sie oben 2,5 cm Platz. Schließen Sie den Deckel fest.
e) Lassen Sie das Glas zwei bis drei Tage lang an einem kühlen, dunklen Ort stehen (abhängig von der Temperatur und davon, wie eingelegt und fermentiert Ihr Kimchi sein soll). Nach dem Öffnen im Kühlschrank aufbewahren.
f) Hält sich im Kühlschrank einige Wochen.

2.Chinakohl und Bok Choy Kimchi

ZUTATEN:
- 3 Esslöffel unraffiniertes, grobes Meersalz oder 1½ Esslöffel feines Meersalz
- 3 Tassen gefiltertes, nicht chloriertes Wasser
- 1 Pfund Chinakohl, grob gehackt
- 3 Köpfe Baby Pak Choi, grob gehackt
- 4 Radieschen, grob gehackt
- 1 kleine Zwiebel
- 3 Knoblauchzehen
- 1 2-Zoll-Stück Ingwer
- 3 Chilis

ANWEISUNGEN:

a) Mischen Sie Wasser und Meersalz, bis sich das Salz aufgelöst hat, sodass eine Salzlake entsteht. Beiseite legen.

b) Kohl, Pak Choi und Radieschen grob hacken. Mischen und in einen kleinen Topf oder eine Schüssel geben.

c) Gießen Sie die Salzlake über die Gemüsemischung, bis sie bedeckt ist.

d) Platzieren Sie einen Teller, der gerade in den Topf oder die Schüssel passt, und beschweren Sie ihn mit lebensmittelechten Gewichten, einem Glas oder einer anderen mit Wasser gefüllten Schüssel. Abdecken und mindestens 4 Stunden oder über Nacht ruhen lassen.

e) Zwiebel, Knoblauch, Ingwer und Chilis in einer Küchenmaschine zu einer Paste pürieren.

f) Lassen Sie die Salzlake vom Gemüse abtropfen und bewahren Sie sie für die spätere Verwendung auf. Probieren Sie die Salzigkeit der Gemüsemischung.

g) Spülen Sie es ab, wenn es zu salzig schmeckt, oder fügen Sie bei Bedarf eine Prise Meersalz hinzu.

h) Mischen Sie das Gemüse und die Gewürzmischung, bis alles gut vermischt ist.

i) Packen Sie es fest in einen kleinen Topf oder eine Schüssel und fügen Sie bei Bedarf eine kleine Menge Salzlake hinzu, damit das Gemüse unter Wasser bleibt. Beschweren Sie das Gemüse mit einem Teller und einem lebensmittelechten Gewicht. (Ich verwende eine kleinere Glas- oder Keramikschüssel, die mit der restlichen Salzlake gefüllt ist, als Gewicht.

j) Wenn Sie zusätzliche Salzlösung benötigen oder sich die Gemüsemischung ausdehnt, um die Schüssel zu erreichen, enthält sie dieselbe Salzlösung.) Mit einem Deckel abdecken.

k) Etwa eine Woche lang gären lassen, oder länger, wenn Sie ein würziger schmeckendes Kimchi bevorzugen.

l) In eine Glasschüssel oder ein Glas mit Deckel geben und im Kühlschrank aufbewahren. Servieren Sie es als Beilage, Gewürz oder auf braunem Reis über Fadennudeln für ein schnelles und köstliches Abendessen.

3.Chinesisches Kimchi

ZUTATEN:
- 1 Kopf Chinakohl oder Chinakohl, gehackt
- 3 Karotten, gerieben
- 1 großer Daikon-Rettich, gerieben oder eine Tasse kleine rote Radieschen, fein geschnitten
- 1 große Zwiebel, gehackt
- 1/4 Tasse Dulse- oder Nori -Algenflocken
- 1 Esslöffel Chiliflocken
- 1 Esslöffel gehackter Knoblauch
- 1 Esslöffel gehackter frischer Ingwer
- 1 Esslöffel Sesamkörner
- 1 Esslöffel Zucker
- 2 Teelöffel hochwertiges Meersalz
- 1 Teelöffel Fischsauce

ANWEISUNGEN:
a) Mischen Sie einfach alle Zutaten in einer großen Schüssel und lassen Sie es 30 Minuten lang ruhen.
b) Füllen Sie die Mischung in ein großes Einmachglas aus Glas oder zwei kleinere Gläser. Drücken Sie es fest nach unten.
c) Mit einem mit Wasser gefüllten Ziploc-Beutel bedecken, um Sauerstoff fernzuhalten und das Gemüse unter der Salzlake zu halten.
d) Den Deckel locker aufsetzen und mindestens 3 Tage zum Gären stehen lassen. Probieren Sie es nach 3 Tagen und entscheiden Sie, ob es sauer genug schmeckt. Es ist eine Frage des persönlichen Geschmacks, also probieren Sie es einfach so lange aus, bis es Ihnen gefällt!
e) Geschmack zufrieden sind, können Sie das Kimchi im Kühlschrank aufbewahren, wo es sich monatelang gut aufbewahren lässt, wenn es so lange haltbar ist!!

4. Weißes Kimchi

ZUTATEN:
- 1 großer Chinakohl (ungefähr 2½ Pfund), geviertelt, ohne Strunk und in 2,5 cm große Stücke geschnitten
- 1 große Karotte, in 5 cm lange Streifen geschnitten
- 1 großer schwarzer spanischer Rettich oder 3 rote Radieschen, julienned
- 1 rote Paprika, entkernt, entkernt und in Streifen geschnitten
- 3 Zweige Frühlingszwiebel oder Schnittlauch, in 2,5 cm große Stücke geschnitten
- 2 Birnen, entstielt, entkernt und geviertelt
- 3 Knoblauchzehen, geschält
- ½ kleine Zwiebel, geviertelt
- 1-Zoll-Stück frischer Ingwer
- 3 Esslöffel unraffiniertes feines Meersalz oder 6 Esslöffel unraffiniertes grobes Meersalz
- 6 Tassen gefiltertes Wasser

ANWEISUNGEN:

a) In einer großen Schüssel Kohl, Karotte, Radieschen, Paprika und Frühlingszwiebeln vermischen.
b) Birnen, Knoblauch, Zwiebeln und Ingwer in einer Küchenmaschine vermengen und zu einem Püree verarbeiten. Die Birnenmischung über das gehackte Gemüse gießen. Fügen Sie das Salz hinzu und vermengen Sie das gesamte Gemüse, bis es gleichmäßig mit Birnenpüree und Salz bedeckt ist.
c) Geben Sie die Gemüsemischung in einen großen Topf und gießen Sie das Wasser darüber.
d) Platzieren Sie einen Teller, der in den Topf passt, um das Gemüse abzudecken und halten Sie es unter Wasser.
e) Stellen Sie lebensmittelechte Gewichte oder eine mit Wasser gefüllte Glasschüssel oder ein Glas auf den Teller, damit das Gemüse unter Wasser bleibt.
f) Mit einem Deckel abdecken und an einem kühlen, ungestörten Ort etwa eine Woche lang aufbewahren oder bis die gewünschte Würze erreicht ist.
g) In Gläser oder eine Schüssel umfüllen, abdecken und im Kühlschrank aufbewahren, wo das Kimchi bis zu einem Jahr haltbar sein sollte.

5.Rettich-Kimchi

ZUTATEN:
- 2 Pfund koreanische Radieschen (mu), geschält und in 1-Zoll-Würfel geschnitten
- 2 Esslöffel grobes Meersalz
- 2 Knoblauchzehen, gehackt
- 1 Teelöffel Ingwer, gerieben
- 2 Esslöffel koreanische rote Paprikaflocken (Gochugaru)
- 1 Esslöffel Fischsauce (optional, für Umami-Geschmack)
- 1 Esslöffel Sojasauce (optional, für mehr Geschmackstiefe)
- 1 Esslöffel Zucker
- 4 Frühlingszwiebeln, gehackt
- 1 kleine Karotte, julienned (optional)

ANWEISUNGEN:

a) Die Radieschenwürfel in eine große Rührschüssel geben. Streuen Sie das Salz über die Radieschen und vermengen Sie es, bis es gleichmäßig bedeckt ist. Lassen Sie sie etwa 30 Minuten lang ruhen, damit sie ihre Feuchtigkeit abgeben können.

b) Spülen Sie die Radieschenwürfel unter kaltem Wasser ab, um überschüssiges Salz zu entfernen. Gut abtropfen lassen und in eine saubere, trockene Schüssel geben.

c) In einer separaten Schüssel den gehackten Knoblauch, den geriebenen Ingwer, die koreanischen Paprikaflocken, die Fischsauce (falls verwendet), die Sojasauce (falls verwendet) und den Zucker vermischen. Gut vermischen, bis eine pastöse Masse entsteht.

d) Geben Sie die Paste zu den Radieschenwürfeln und vermengen Sie sie, bis die Radieschen gleichmäßig mit den Gewürzen bedeckt sind. Fügen Sie die Frühlingszwiebeln und Karotten (falls verwendet) hinzu und vermischen Sie alles.

e) Packen Sie die gewürzte Rettichmischung fest in ein sauberes Glasgefäß und drücken Sie es nach unten, um alle Lufteinschlüsse zu entfernen. Lassen Sie oben etwa einen Zentimeter Freiraum.

f) Decken Sie das Glas mit einem Deckel ab, verschließen Sie ihn jedoch nicht fest, damit während der Gärung Gas entweichen kann. Stellen Sie das Glas an einen kühlen, dunklen Ort, wie einen Schrank oder eine Speisekammer, und lassen Sie es zwei bis fünf

Tage lang gären. Überprüfen Sie das Kimchi täglich und drücken Sie es mit einem sauberen Löffel nach unten, damit die Radieschen in der entstehenden Flüssigkeit eingetaucht bleiben.

g) Probieren Sie das Kimchi nach 2 Tagen, um den gewünschten Fermentationsgrad zu überprüfen. Wenn es den würzigen und leicht säuerlichen Geschmack entwickelt hat, den Sie bevorzugen, stellen Sie das Glas in den Kühlschrank, um den Fermentationsprozess zu verlangsamen. Andernfalls gären Sie noch einige Tage weiter, bis Sie den gewünschten Geschmack erreicht haben.

h) Rettich-Kimchi kann sofort genossen werden, entwickelt aber während der Gärung im Kühlschrank seinen Geschmack weiter. Im Kühlschrank ist es mehrere Wochen haltbar.

6.Schnelles Kimchi mit Gurke

ZUTATEN:
- 2 Gurken, in dünne Scheiben geschnitten
- 1 Esslöffel Meersalz
- 1 Esslöffel geriebener Ingwer
- 2 Knoblauchzehen, gehackt
- 2 Esslöffel Reisessig
- 1 Esslöffel Zucker
- 1 Esslöffel koreanische rote Paprikaflocken (Gochugaru)

ANWEISUNGEN:
a) Gurkenscheiben mit Meersalz vermengen und 30 Minuten ruhen lassen. Überschüssiges Wasser abgießen.
b) In einer Schüssel Ingwer, Knoblauch, Reisessig, Zucker und rote Paprikaflocken vermischen, um die Kimchi-Paste herzustellen.
c) Die Gurkenscheiben mit der Paste bestreichen und in ein Glas füllen. Vor dem Servieren mindestens 2 Stunden im Kühlschrank lagern.

7.Veganes Kimchi

ZUTATEN:
- 1 mittelgroßer Chinakohl
- 1 Tasse koreanischer Rettich (mu), julieniert
- 1/2 Tasse koreanisches grobes Meersalz
- 1 Esslöffel geriebener Ingwer
- 4 Knoblauchzehen, gehackt
- 3 Esslöffel Sojasauce
- 2 Esslöffel Zucker
- 1 Esslöffel koreanische rote Paprikaflocken (Gochugaru)

ANWEISUNGEN:

a) Den Chinakohl in mundgerechte Stücke schneiden und den koreanischen Rettich in Julienne schneiden.

b) In einer großen Schüssel den Kohl und den Rettich mit grobem koreanischem Meersalz bestreuen. Gut umrühren, um eine gleichmäßige Beschichtung zu gewährleisten. Lassen Sie es etwa 2 Stunden lang ruhen und wenden Sie es dabei gelegentlich.

c) Kohl und Radieschen gründlich unter kaltem Wasser abspülen, um überschüssiges Salz zu entfernen. Abtropfen lassen und beiseite stellen.

d) In einer separaten Schüssel geriebenen Ingwer, gehackten Knoblauch, Sojasauce, Zucker und koreanische rote Pfefferflocken (Gochugaru) zu einer Paste vermischen.

e) Kohl und Radieschen mit der Paste bestreichen und darauf achten, dass sie gut bedeckt sind.

f) Geben Sie die Mischung in einen sauberen, luftdichten Behälter und drücken Sie sie nach unten, um Luftblasen zu entfernen. Lassen Sie oben etwas Platz, um die Gärung zu ermöglichen.

g) Den Behälter verschließen und etwa 2-3 Tage bei Zimmertemperatur gären lassen. Bewahren Sie es anschließend im Kühlschrank auf.

8. Baechu Kimchi (Ganzkohl-Kimchi)

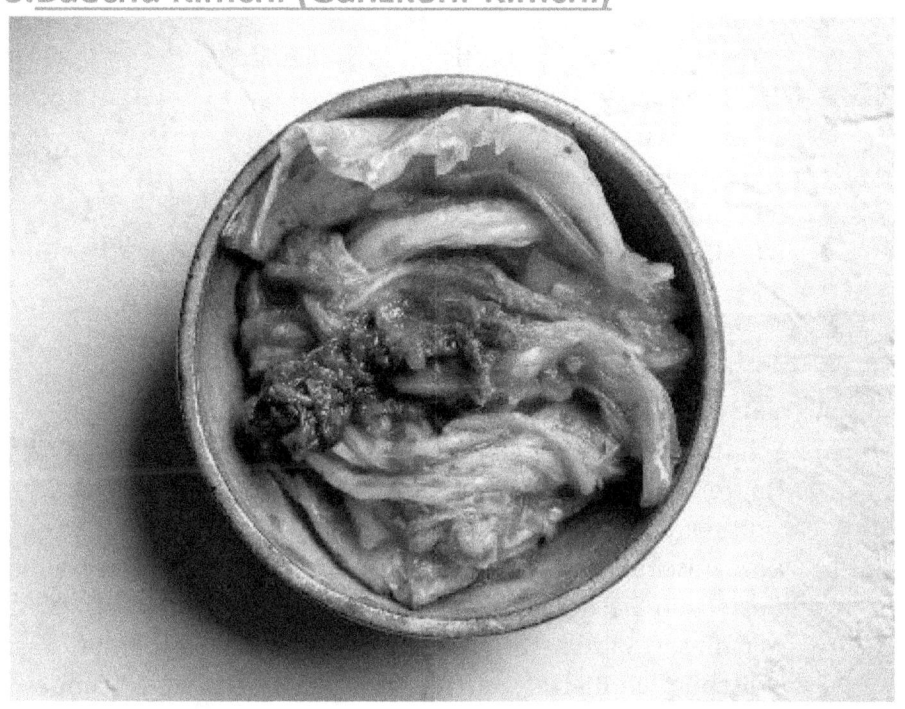

ZUTATEN:
- 1 ganzer Chinakohl
- 1 Tasse koreanischer Rettich (mu), julieniert
- 1/2 Tasse koreanisches grobes Meersalz
- 1 Tasse Wasser
- 1 Esslöffel geriebener Ingwer
- 5 Knoblauchzehen, gehackt
- 3 Esslöffel Fischsauce
- 2 Esslöffel Sojasauce
- 2 Esslöffel Zucker
- 2 Esslöffel koreanische rote Paprikaflocken (Gochugaru)

ANWEISUNGEN:

a) Schneiden Sie den ganzen Napa-Kohl der Länge nach in zwei Hälften und schneiden Sie dann jede Hälfte in Drittel. Das Ergebnis sind sechs Teile.

b) Koreanisches grobes Meersalz in einer Tasse Wasser auflösen. Bestreuen Sie den Kohl und den koreanischen Rettich großzügig mit dieser Salzwassermischung und achten Sie darauf, dass sie zwischen die Blätter gelangt. Lassen Sie es etwa 2 Stunden lang ruhen und wenden Sie es dabei gelegentlich.

c) Kohl und Radieschen gründlich unter kaltem Wasser abspülen, um überschüssiges Salz zu entfernen. Abtropfen lassen und beiseite stellen.

d) In einer Schüssel geriebenen Ingwer, gehackten Knoblauch, Fischsauce, Sojasauce, Zucker und koreanische rote Paprikaflocken (Gochugaru) zu einer Paste vermischen.

e) Bestreichen Sie jedes Kohlblatt und jedes Radieschenstück mit der Paste und achten Sie darauf, dass sie gut bedeckt sind.

f) Stapeln Sie die Kohlstücke wieder zusammen, um die gesamte Kohlform zu erhalten.

g) Geben Sie den ganzen Kohl in einen sauberen, luftdichten Behälter und drücken Sie ihn nach unten, um Luftblasen zu entfernen. Lassen Sie oben etwas Platz, um die Gärung zu ermöglichen.

h) Den Behälter verschließen und etwa 2-3 Tage bei Zimmertemperatur gären lassen. Bewahren Sie es anschließend im Kühlschrank auf.

9.Weißer Rettich-Kimchi/ Kkakdugi

ZUTATEN:
SOLE
- 1,5 kg (3 lb 5 oz) geschälter weißer Rettich (Daikon), schwarzer Rettich oder Rübe
- 40 g grobes Meersalz
- 50 g Zucker
- 250 ml (1 Tasse) Mineralwasser

MARINADE
- 60 g Gochugaru _ Chilipulver _
- 110 g (3¾ oz) einfache (Allzweck-)Mehlsuppe
- ½ Birne
- ½Zwiebel
- 50 g (1¾ oz) fermentierte Sardellensauce
- 60 g (2¼ oz) Knoblauchzehen
- 1 Teelöffel gemahlener Ingwer
- 5 cm (2 Zoll) Lauch (weißer Teil)
- ½ Esslöffel Meersalz 2 Esslöffel Zucker

ANWEISUNGEN:

a) Schneiden Sie den Rettich in 1,2 cm dicke Stücke und dann jedes Stück in Viertel. Geben Sie sie in eine Schüssel und fügen Sie grobes Meersalz, Zucker und Mineralwasser hinzu. Mit den Händen gut vermischen, damit Zucker und Salz gut verrieben werden. Etwa 4 Stunden bei Zimmertemperatur stehen lassen. Wenn die Radieschenstücke elastisch werden, ist das Pökeln fertig. Spülen Sie die Radieschenstücke einmal mit Wasser ab. Lassen Sie sie mindestens 30 Minuten abtropfen.

b) Für die Marinade das Gochugaru in die kalte Mehlsuppe mischen (gleiche Zubereitungstechnik wie für die Reismehlsuppe, Seite 90). Birne, Zwiebel und fermentierte Sardellensauce in einer kleinen Küchenmaschine pürieren und mit der Gochugaru- Mehlmischung vermischen. Den Knoblauch zerdrücken und zusammen mit dem gemahlenen Ingwer unter die Mischung rühren. Den Lauch in dünne Scheiben schneiden und unter die Masse rühren. Zum Schluss mit Meersalz und Zucker abschmecken.

c) Die Radieschenstücke mit der Marinade vermischen. In einen luftdichten Behälter geben und zu 70 % füllen. Mit Plastikfolie abdecken und andrücken, um so viel Luft wie möglich zu entfernen.

d) Schließen Sie den Deckel fest. 24 Stunden im Dunkeln bei Raumtemperatur stehen lassen und anschließend bis zu 6 Monate im Kühlschrank aufbewahren. Der Geschmack dieses Kimchis entfaltet sich am besten, wenn es gut fermentiert ist, was nach etwa 3 Wochen der Fall ist.

10.Schnittlauch-Kimchi/Pa-Kimchi

ZUTATEN:
SOLE
- 400 g Knoblauchschnittlauch
- 50 g (1¾ oz) fermentierte Sardellensauce

MARINADE
- 40 g Gochugaru _ Chilipulver _
- 30 g Reismehlsuppe
- ¼ Birne
- ¼ Zwiebel
- 25 g (1 oz) Knoblauchzehen
- 1 Esslöffel eingelegte Zitrone
- ½ Teelöffel gemahlener Ingwer 1 Esslöffel Zucker

ANWEISUNGEN:
a) Die Schnittlauchstiele gut waschen und die Wurzeln entfernen. Ordnen Sie das Schnittlauchbündel mit den Zwiebeln nach unten in einer großen Schüssel an. Gießen Sie die Sardellensauce über den Schnittlauch, direkt auf den untersten Teil. Alle Stängel sollten gut angefeuchtet sein. Helfen Sie dabei, die Soße mit den Händen zu verteilen und von unten nach oben glattzustreichen. Bewegen Sie die Sauce alle 10 Minuten auf die gleiche Weise vom Boden der Schüssel zur Oberseite der Stiele und machen Sie so 30 Minuten lang weiter.

b) Chilipulver in die Reismehlsuppe einrühren. Birne und Zwiebel zusammen in einer kleinen Küchenmaschine pürieren und den Knoblauch zerdrücken. Mit der Reismehlsuppe vermischen. Gießen Sie die Mischung in die Schüssel mit dem Schnittlauch. Die eingelegte Zitrone, den gemahlenen Ingwer und den Zucker hinzufügen. Mischen Sie, indem Sie jeden Schnittlauchstiel mit der Marinade bestreichen.

c) In einen luftdichten Behälter geben und zu 70 % füllen. Mit Plastikfolie abdecken und andrücken, um so viel Luft wie möglich zu entfernen.

d) Schließen Sie den Deckel fest. 24 Stunden im Dunkeln bei Zimmertemperatur stehen lassen und anschließend bis zu 1 Monat im Kühlschrank aufbewahren.

11.Zwiebel-Kimchi mit Pfeffer

ZUTATEN:
- 4 Bund (ca. 35 Stiele) Frühlings- oder Frühlingszwiebeln
- 2 Esslöffel. koscheres Salz
- 4 Knoblauchzehen
- 1-Zoll-Stück frischer Ingwer, Haut entfernt
- 1 Esslöffel. Rote-Boot-Fischsauce oder andere Fischsauce ohne MSG und Konservierungsstoffe (lassen Sie sie weg, wenn Sie veganes Kimchi möchten)
- ½ Tasse grobe Peperoniflocken (Gochugaru)

ANWEISUNGEN:

a) Waschen Sie die Frühlingszwiebeln, schneiden Sie die Wurzeln ab, schälen Sie die äußere dünne Schicht und entfernen Sie alle alten oder beschädigt aussehenden grünen Teile um die Zwiebeln herum. Wenn die Zwiebeln sauber und vorbereitet sind, spülen Sie sie erneut mit kaltem Wasser ab.

b) Legen Sie die Zwiebeln in eine Glasschale, beispielsweise eine 9 x 13 Zoll große Auflaufform der Marke Pyrex. Salz über die Zwiebeln streuen. Mit den Händen das Salz gleichmäßig um die Zwiebeln herum vermischen und 2 Stunden ruhen lassen. Zwiebeln nach 1 Stunde mischen. Spülen Sie das Salz nach 2 Stunden mit kaltem Wasser ab und lassen Sie es in einem Sieb abtropfen.

c) In einer Küchenmaschine Knoblauch, Ingwer und Fischsauce hinzufügen und pürieren. Geben Sie die Mischung in eine mittelgroße Schüssel und fügen Sie die Peperoniflocken hinzu. Gut mischen.

d) Geben Sie die abgespülte Zwiebel-Paprika-Mischung in eine andere große Glasform, beispielsweise die 9 x 13 Zoll große Auflaufform der Marke Pyrex. Zwiebeln in 5 cm große Stücke schneiden. Die Frühlingszwiebeln gründlich mit der Mischung bestreichen und erneut vermischen. Übertragen Sie die in der Kimchi-Basis erstickten Zwiebeln in ein sauberes Glas oder ein anderes Gärgefäß Ihrer Wahl.

e) Packen Sie die Zwiebeln gut ein, aber lassen Sie zwischen den Zwiebeln und dem Rand des Glases etwa 2,5 cm Platz.

f) Decken Sie jedes Glas oder jeden Topf mit einem Käsetuch oder einer anderen atmungsaktiven Abdeckung ab, um zu verhindern, dass Staub und Ungeziefer in Ihr Ferment gelangen. Wenn Sie in einem Glas gären , können Sie auch den Deckel des Einmachglases aufsetzen und den Ring festschrauben. Wenn Sie den Deckel aufsetzen, müssen Sie das Ferment täglich „rülpsen", um eventuell angesammelte Gase zu entfernen, die während der Fermentation entstehen. Bei Raumtemperatur lagern, idealerweise zwischen 16 °C und 24 °C. Vor direkter Sonneneinstrahlung schützen.

g) 2 Tage bei Raumtemperatur gären lassen, in einen luftdichten Behälter umfüllen und in den Kühlschrank stellen. Die Zwiebelmischung gärt im Kühlschrank langsam weiter. Sie können das Ferment jederzeit essen, aber der Geschmack verändert sich weiter und ist idealerweise nach etwa zwei Wochen am besten.

12. Grünkohl-Kimchi

ZUTATEN:
- 1 Rezept Einfaches Grünkohl-Sauerkraut, in 2-Zoll-Quadrate geschnitten
- 5 Esslöffel Kimchi-Sauce

ANWEISUNGEN

a) In einer großen Schüssel Salz und Wasser vermischen. mischen, um das Salz aufzulösen. Den Kohl dazugeben und 2 Stunden einweichen.
b) Lassen Sie das Wasser vom Kohl abtropfen und entsorgen Sie ihn. Ziehen Sie Handschuhe an, um Ihre Hände zu schützen, geben Sie die Kimchi-Sauce hinzu und reiben Sie sie in den Kohl.
c) Geben Sie die Mischung in ein ½-Gallonen-Glasgefäß und schließen Sie den Deckel fest. Einen Tag bei Zimmertemperatur stehen lassen. Nach dem Öffnen im Kühlschrank aufbewahren.
d) Im Kühlschrank 2 Wochen haltbar.

13. Gefülltes Mini-Gurken-Kimchi

ZUTATEN:
- 8 Minigurken
- 1 Esslöffel Meersalz

FÜLLUNG
- 1 Tasse julienned Daikon-Rettich
- ¼ Tasse julienierte gelbe Zwiebel
- 2 julienierte Frühlingszwiebeln
- 2 Esslöffel Kimchi-Sauce

ANWEISUNGEN:
a) Schneiden Sie jede Gurke der Länge nach in Scheiben und lassen Sie am unteren Ende 2,5 cm ungeschnitten. Drehen Sie es und schneiden Sie es erneut der Länge nach, wobei Sie am unteren Rand erneut 1 Zoll ungeschnitten lassen. (Die 1-Zoll-Basis hält die vier geschnittenen Viertel jeder Gurke zusammen.)
b) Legen Sie die Gurken auf den Boden eines kleinen Tabletts oder einer Schüssel und streuen Sie Salz in das Fruchtfleisch und auf die Außenseite der Gurken. 2 Stunden bei Zimmertemperatur ruhen lassen.
c) Lassen Sie die Flüssigkeit von den Gurken abtropfen und entsorgen Sie sie.
d) In einer separaten Schüssel die Zutaten für die Füllung vermengen und gut vermischen. Verwenden Sie ein Achtel der Füllmischung pro Gurke, füllen Sie die Hohlräume jeder Gurke aus und legen Sie die Gurkenviertel eng an die Füllung an.
e) Packen Sie die gefüllten Gurken in Gläser, damit sie gut passen (wählen Sie keine Gläser, die zusätzliche Luft um die Gurken herum lassen). Den Deckel gut verschließen und am nächsten Tag genießen.
f) Im Kühlschrank 3 Tage haltbar.

KOCHEN MIT KIMCHI

14. Kimchi-Pfanne/Kimchi- Bokkeum

ZUTATEN:
- 2 Viertel Chinakohl-Kimchi
- 3 cm (1¼ Zoll) Lauch (weißer Teil)
- 2 Esslöffel neutrales Pflanzenöl
- 1½ Esslöffel Zucker
- 1 Esslöffel Sesamöl

ANWEISUNGEN:
a) Die Kohl-Kimchi-Viertel in 2 cm breite Streifen schneiden.
b) Den Lauch hacken.
c) Eine Bratpfanne mit Pflanzenöl bestreichen und den Lauch bei starker Hitze anbraten, bis er duftet. Kimchi und Zucker in die Pfanne geben. Bei mittlerer Hitze 5 bis 10 Minuten braten, bis das Kimchi halb weich ist. Wenn das Kimchi zu trocken erscheint, fügen Sie beim Kochen 3 Esslöffel Wasser hinzu.
d) Schalten Sie den Herd aus, aber lassen Sie die Pfanne auf dem Herd oder der Kochplatte. Mit Sesamöl beträufeln und vermischen.

15. Kimchee-Nudeln

ZUTATEN:

- 1 ½ Tasse Kimchee
- 1 (3 Unzen) Packung Instant-Ramen-Nudeln mit orientalischem Geschmack
- 1 (12 Unzen) Pakete Spam, gewürfelt
- 2 Esslöffel Pflanzenöl

ANWEISUNGEN:

a) Kochen Sie die Nudeln gemäß den Anweisungen auf der Packung. Stellen Sie die Pfanne auf mittlere Hitze. Das Öl darin erhitzen. In den Spam-Stücken 3 Minuten anbraten.

b) Die abgetropften Nudeln unterrühren und weitere 3 Minuten kochen lassen.

c) Kimchee einrühren und 2 Minuten kochen lassen. Servieren Sie Ihre Nudeln warm.

16. Gebratener Kimchi-Reis mit Spam

ZUTATEN:
- 3 Esslöffel Rapsöl, geteilt
- ¾ Tasse gewürfelter Spam
- 1 Tasse gehacktes Kimchi
- 2 Esslöffel Kimchi-Saft
- 1 Esslöffel Sojasauce
- 1 Esslöffel Gochugaru (koreanische rote Paprikaflocken)
- 2 Esslöffel ungesalzene Butter
- 3 ½ Tassen gekochter weißer Reis
- 1 Esslöffel Sesamöl
- 3 Eier

OPTIONAL:
- Gehackte Frühlingszwiebeln
- Fein zerkleinertes Nori (geröstete Algen)
- Geröstete Sesamkörner

ANWEISUNGEN:

a) Erhitzen Sie 2 Esslöffel Rapsöl bei mittlerer bis hoher Hitze in einer beschichteten Pfanne oder einer gusseisernen Pfanne.
b) Geben Sie den gewürfelten Spam in die Pfanne und braten Sie ihn an, bis er leicht gebräunt ist. Dies sollte etwa 5 Minuten dauern.
c) Gehacktes Kimchi, Kimchi-Saft, Sojasauce und Gochugaru in die Pfanne geben. Diese Mischung 5 bis 10 Minuten lang anbraten.
d) Geben Sie die ungesalzene Butter in die Pfanne und rühren Sie, bis sie schmilzt.
e) Geben Sie 3 ½ Tassen gekochten Reis in die Pfanne und mischen Sie alles gründlich, bis der gesamte Reis mit Kimchi und Soße bedeckt ist.
f) Probieren Sie den gebratenen Reis zum Würzen und passen Sie ihn nach Bedarf an. Wenn es zu salzig ist, können Sie zusätzlichen Reis hinzufügen, um den Geschmack auszugleichen.
g) Das Sesamöl zum gebratenen Reis geben und gut vermischen.
h) Schalten Sie die Hitze aus und stellen Sie den Reis beiseite.
i) In einer separaten beschichteten Pfanne 1 Esslöffel Rapsöl bei mittlerer bis hoher Hitze erhitzen.
j) Braten Sie die Eier bis zum gewünschten Gargrad, am besten mit der Sonnenseite nach oben.
k) Den gebratenen Kimchi-Reis mit einem Spiegelei servieren und nach Wunsch mit gehackten Frühlingszwiebeln, geriebenem Nori und Sesamkörnern garnieren.
l) Genießen Sie Ihren köstlichen gebratenen Kimchi-Reis mit Spam!

17. Congee-Frühstücksschalen aus dem Slow Cooker

ZUTATEN:
- ¾ Tasse (125 g) Jasminreis
- 4 Tassen (940 ml) Wasser
- 3 Tassen (705 ml) Gemüse- oder Hühnerbrühe
- 2,5 cm großes Stück frischer Ingwer, geschält und in dünne Scheiben geschnitten
- Koscheres Salz und frisch gemahlener schwarzer Pfeffer
- 3 Esslöffel (45 ml) Avocado- oder natives Olivenöl extra, aufgeteilt
- 168 g Pilze, vorzugsweise Cremini oder Shiitake, in Scheiben geschnitten
- 6 Tassen (180 g) Babyspinat
- 4 große Eier
- Kimchi
- Frühlingszwiebeln, in dünne Scheiben geschnitten

ANWEISUNGEN:
a) Reis, Wasser, Brühe, Ingwer und 1 Teelöffel (6 g) Salz in einen 3½-Liter (3,2 l) oder größeren Slow Cooker geben und verrühren. Abdecken, auf niedrige Stufe stellen und ca. 8 Stunden kochen lassen, bis der Reis zerkleinert und cremig ist.
b) Entfernen Sie den Ingwer und entsorgen Sie ihn. Rühren Sie um und schaben Sie dabei die Seiten und den Boden des Slow Cookers ab. Den Reisbrei auf Schüsseln verteilen.
c) 1 Esslöffel (15 ml) Öl in einer großen Pfanne bei mittlerer bis hoher Hitze erhitzen. Die Pilze dazugeben, mit Salz und Pfeffer würzen und etwa 5 Minuten anbraten, bis sie weich sind. Über den Reisbrei geben.
d) 1 Esslöffel (15 ml) Öl in derselben Pfanne bei mittlerer Hitze erhitzen. Fügen Sie den Spinat hinzu und kochen Sie ihn unter gelegentlichem Wenden etwa 2 Minuten lang, bis er zusammengefallen ist. Den Spinat auf die Schüsseln verteilen.
e) Den restlichen 1 Esslöffel (15 ml) Öl in derselben Pfanne erhitzen und die Eier braten.
f) Die Eier in die Congee-Schalen geben und mit Kimchi belegen Frühlingszwiebeln.

18. Rindfleisch - Brokkoli-Bowls mit Kimchi

ZUTATEN:
- 2½ Esslöffel (37 ml) Avocado- oder natives Olivenöl extra, aufgeteilt
- 1 Pfund (455 g) Rinderhackfleisch
- Koscheres Salz und frisch gemahlener schwarzer Pfeffer
- 1½ Esslöffel (23 ml) Kokos- Aminosäuren , aufgeteilt
- ¼ Tasse (12 g) gehacktes Thai-Basilikum
- 16 Unzen (455 g) geriebener Brokkoli
- 1 großer (oder 2 mittelgroße) Pak Choi
- 2 Knoblauchzehen, gehackt
- 1 Tasse (40 g) geriebener Radicchio
- 4 Frühlingszwiebeln, in dünne Scheiben geschnitten
- Kimchi
- Bohnensprossen
- 1 Rezept Miso-Ingwer-Sauce (Seite 23)
- Sesamsamen

ANWEISUNGEN:

a) Erhitzen Sie einen halben Esslöffel (7 ml) Öl in einer großen Pfanne bei mittlerer bis hoher Hitze. Fügen Sie das Rindfleisch hinzu, würzen Sie es mit Salz und Pfeffer und kochen Sie es 6 bis 8 Minuten lang, indem Sie das Fleisch mit einem Holzlöffel zerkleinern, bis es braun und durchgegart ist. 1 Esslöffel (15 ml) der Kokosnuss- Aminosäuren einrühren und eine Minute länger kochen lassen. Vom Herd nehmen und das Basilikum unterrühren.

b) In der Zwischenzeit 1 Esslöffel (15 ml) Öl in einer separaten Pfanne bei mittlerer Hitze erhitzen. Den geriebenen Brokkoli, Salz und Pfeffer hinzufügen und unter gelegentlichem Rühren 3 bis 5 Minuten kochen, bis der Brokkoli leicht weich ist. Auf Schüsseln verteilen.

c) Den restlichen 1 Esslöffel (15 ml) Öl in derselben Pfanne erhitzen, den Pak Choi dazugeben und vermengen. Fügen Sie den Knoblauch und eine Prise Salz hinzu und braten Sie ihn unter gelegentlichem Wenden an, bis er zusammenfällt. Den restlichen ½ Esslöffel (7 ml) Kokosnuss- Aminosäuren einrühren und 1 Minute länger kochen lassen.

d) Zum Servieren Pak Choi und Radicchio mit dem Brokkoli in die Schüsseln geben. Mit Rindfleisch, Frühlingszwiebeln, Kimchi und Sojasprossen belegen, mit Miso-Ingwer-Sauce beträufeln und mit Sesam bestreuen.

19. Schweinefleisch und Kimchi-Pfanne/Kimchi-Jeyuk

ZUTATEN:
- 600 g (1 lb 5 oz) Schweineschulter ohne Knochen
- 3 Esslöffel Zucker
- 350 g (12 oz) Chinakohl-Kimchi
- 10 cm (4 Zoll) Lauch (weißer Teil)
- 50 ml (knapp ¼ Tasse) weißer Alkohol (Soju oder Gin)
- 40 g (1½ oz) würzige Marinade
- 1 Esslöffel fermentierte Sardellensauce

TOFU
- 200 g fester Tofu
- 3 Esslöffel neutrales Pflanzenöl
- Salz

ANWEISUNGEN:

a) Das Schweinefleisch mit einem sehr scharfen Messer in dünne Scheiben schneiden. Es kann vor dem Schneiden 4 Stunden lang eingefroren werden. Die Schweinefleischscheiben 20 Minuten im Zucker marinieren. Den Kohl in 2 cm breite Streifen schneiden. Den Lauch diagonal in 1 cm dicke Stücke schneiden. Kimchi, weißen Alkohol und würzige Marinade mit dem Schweinefleisch vermischen.

b) Erhitzen Sie eine Bratpfanne bei starker Hitze und braten Sie die Schweinefleisch-Kimchi-Mischung 30 Minuten lang an. Fügen Sie während des Kochens etwas Wasser hinzu, wenn die Mischung zu trocken erscheint. Den Lauch dazugeben und weitere 10 Minuten braten. Mit der fermentierten Sardellensauce würzen.

c) In der Zwischenzeit den Tofu in 1,5 cm große Rechtecke schneiden. Eine mit Pflanzenöl bestrichene Bratpfanne erhitzen. Bei mittlerer Hitze braten, bis alle Seiten schön goldbraun sind. Drehen Sie die Tofustücke mit einem Spatel und einem Löffel um, damit sie nicht zerbrechen. Während des Kochens jede Seite mit Salz würzen. Lassen Sie den Tofu nach dem Kochen auf einem Papiertuch abkühlen.

d) Ein Stück Kimchi und Schweinefleisch auf ein Tofu-Rechteck legen und gemeinsam essen.

20.Rindfleischschalen mit Zucchininudeln und Kimchi

ZUTATEN:

- ¾ Tasse (125 g) brauner Reis
- 2½ Tassen (590 ml) Wasser, aufgeteilt
- Koscheres Salz und frisch gemahlener schwarzer Pfeffer
- 1 Tasse (110 g) geraspelte Karotte
- 1 Tasse (235 ml) Reisessig
- 2 Esslöffel (30 ml) Tamari
- 2 Teelöffel (12 g) Honig
- 1 Teelöffel (5 ml) geröstetes Sesamöl
- ¼ Teelöffel rote Paprikaflocken
- 1 Pfund (455 g) Rinderhackfleisch
- 2 Frühlingszwiebeln, in dünne Scheiben geschnitten
- 1 Esslöffel (15 ml) Avocado- oder natives Olivenöl extra
- 6 abgepackte Tassen (180 g) Babyspinat
- 2 Knoblauchzehen, gehackt
- 8 Unzen (225 g) Zucchininudeln
- Kimchi
- 1 Rezept Miso-Ingwer-Sauce (Seite 23)
- Sesamsamen

ANWEISUNGEN:

a) Den Reis, 1½ Tassen (355 ml) Wasser und eine großzügige Prise Salz in einen mittelgroßen Topf geben und zum Kochen bringen. Reduzieren Sie die Hitze auf eine niedrige Stufe, decken Sie den Reis ab und kochen Sie ihn etwa 40 Minuten lang, bis er weich ist. Vom Herd nehmen und den Reis bei geschlossenem Deckel 10 Minuten dünsten.

b) Die zerkleinerten Karotten in eine mittelgroße Schüssel geben. Den Essig, die restliche 1 Tasse (235 ml) Wasser und 1 Teelöffel (6 g) Salz in einem mittelgroßen Topf zum Kochen bringen und umrühren, um das Salz aufzulösen. Die heiße Flüssigkeit über die Karotten gießen; beiseite legen.

c) Tamari, Honig, Sesamöl und rote Paprikaflocken in einer kleinen Schüssel verquirlen; beiseite legen.

d) Eine große Pfanne bei mittlerer bis hoher Hitze erhitzen. Fügen Sie das Rindfleisch hinzu, würzen Sie es mit Salz und Pfeffer und kochen Sie es 6 bis 8 Minuten lang, indem Sie das Fleisch mit einem Holzlöffel zerkleinern, bis es braun und durchgegart ist. Die Tamari-Mischung und die Frühlingszwiebeln einrühren und noch 1 Minute kochen lassen.

e) In der Zwischenzeit das Öl in einer separaten Pfanne bei mittlerer Hitze erhitzen. Spinat und Knoblauch dazugeben und mit einer Prise Salz und Pfeffer würzen. Unter gelegentlichem Wenden 2 bis 3 Minuten kochen, bis es gerade zusammengefallen ist.

f) Die Flüssigkeit von den Karotten abgießen. Zum Servieren Reis und Zucchininudeln auf Schüsseln verteilen. Mit Rindfleisch, Knoblauchspinat, eingelegten Karotten und Kimchi belegen. Mit Miso-Ingwer-Sauce beträufeln und mit Sesam bestreuen.

21.Kimchi- Pommes

ZUTATEN:
- 4 große Kartoffeln, in Pommes geschnitten
- 2 Esslöffel Pflanzenöl
- 1 Tasse Kimchi, abgetropft und gehackt
- ¼ Tasse Mayonnaise
- 1 Esslöffel Sesamöl
- 1 Esslöffel Sesamkörner
- 2 Frühlingszwiebeln, in dünne Scheiben geschnitten
- Salz und Pfeffer nach Geschmack

ANWEISUNGEN:
a) Heizen Sie den Ofen auf 220 °C (425 °F) vor und legen Sie ein Backblech mit Backpapier aus.
b) In einer großen Schüssel die Kartoffelchips mit Pflanzenöl, Salz und Pfeffer vermischen.
c) Verteilen Sie die Pommes in einer einzigen Schicht auf dem Backblech und backen Sie sie 25–30 Minuten lang oder bis sie knusprig sind.
d) In einer kleinen Schüssel Mayonnaise und Sesamöl vermischen.
e) Nehmen Sie die Pommes aus dem Ofen und geben Sie sie auf eine Servierplatte.
f) Die Pommes mit gehacktem Kimchi belegen, mit der Sesam-Mayonnaise-Mischung beträufeln und mit Sesamkörnern und geschnittenen Frühlingszwiebeln bestreuen.
g) Heiß servieren und den einzigartigen Geschmack der Kimchi-Pommes genießen.

22. Koreanische Rindfleisch-Zwiebel-Tacos

ZUTATEN:
- 2 Esslöffel Gochujang
- 1 Esslöffel Sojasauce
- 2 Esslöffel Sesamkörner
- 2 Teelöffel gehackter frischer Ingwer
- 2 Knoblauchzehen, gehackt
- 2 Esslöffel geröstetes Sesamöl
- 2 Teelöffel Zucker
- ½ Teelöffel koscheres Salz
- 1½ Pfund (680 g) dünn geschnittenes Rinderfutter
- 1 mittelgroße rote Zwiebel, in Scheiben geschnitten
- 6 Maistortillas, erwärmt
- ¼ Tasse gehackter frischer Koriander
- ½ Tasse Kimchi
- ½ Tasse gehackte Frühlingszwiebeln

ANWEISUNGEN:
a) Gochujang, Sojasauce, Sesamsamen, Ingwer, Knoblauch, Sesamöl, Zucker und Salz in einer großen Schüssel vermischen. Umrühren, um alles gut zu vermischen.
b) Tauchen Sie das Rindfleischstück in die Marinade und drücken Sie es zum Eintauchen. Decken Sie dann die Schüssel ab und stellen Sie es zum Marinieren mindestens eine Stunde lang in den Kühlschrank.
c) Nehmen Sie das Rindfleischstück aus der Marinade und geben Sie es auf eine Grillplatte. Die Zwiebeln darüber geben.
d) Bei 205 °C (400 °F) 12 Minuten lang grillen.
e) Rühren Sie die Mischung nach der Hälfte der Garzeit um.
f) Falten Sie die Tortillas auf einer sauberen Arbeitsfläche auseinander und verteilen Sie dann das gebratene Rindfleisch und die Zwiebeln auf den Tortillas.
g) Koriander, Kimchi und Frühlingszwiebeln darauf verteilen.
h) Sofort servieren.

23.Koreanisches Kimchi Jjigae (Eintopf)

ZUTATEN:
- ½ Pfund Schweinebauch, in dünne Scheiben geschnitten
- 1 kleine Zwiebel, in dünne Scheiben geschnitten
- 3 Knoblauchzehen, gehackt
- 2 Tassen Kimchi, gehackt, mit seinem Saft
- 1 Block (ca. 14 Unzen) weicher Tofu, gewürfelt
- 2 Esslöffel Gochugaru (koreanisches Chilipulver)
- 4 Tassen Wasser oder ungesalzene Hühnerbrühe
- 2 Frühlingszwiebeln, gehackt (zum Garnieren)
- Gedämpfter Reis (zum Servieren)

ANWEISUNGEN:

a) Stellen Sie zunächst Ihren Instant Pot auf die Funktion „Sautieren".
b) Den dünn geschnittenen Schweinebauch dazugeben und etwa 2-3 Minuten anbraten, bis er anfängt zu bräunen und sein Fett freizusetzen.
c) Die dünn geschnittene Zwiebel und den gehackten Knoblauch in den Instant Pot geben. Weitere 2-3 Minuten anbraten, bis die Zwiebel glasig wird.
d) Das gehackte Kimchi und seinen Saft unterrühren. Weitere 2 Minuten anbraten, um die Aromen zu verbinden.
e) Geben Sie den gewürfelten weichen Tofu vorsichtig in den Instant-Topf, damit der Tofu nicht zerbricht.
f) Streuen Sie das Gochugaru (koreanisches Chilipulver) über die Zutaten und vermischen Sie es.
g) Gießen Sie Wasser oder ungesalzene Hühnerbrühe hinzu, sodass die Zutaten bedeckt sind.
h) Schließen Sie den Instant Pot-Deckel und stellen Sie sicher, dass das Ventil auf „Verschließen" eingestellt ist.
i) Wählen Sie die Funktion „Manuell" oder „Schnellkochen" bei hohem Druck und stellen Sie sie auf 5 Minuten ein.
j) Sorgen Sie nach Abschluss des Garvorgangs für eine schnelle Druckentlastung, indem Sie das Ventil vorsichtig auf „Entlüften" stellen.
k) Öffnen Sie vorsichtig den Deckel des Instant Pots und rühren Sie das Kimchi Jjigae gut um, um sicherzustellen, dass alle Zutaten gut vermischt sind.
l) Servieren Sie Ihr koreanisches Instant Pot Kimchi Jjigae heiß und garniert mit gehackten Frühlingszwiebeln.

24.Kimchi-Tofu-Suppe

ZUTATEN:
- Pflanzenöl, ein Esslöffel
- Frühlingszwiebeln, sechs
- Kimchi, halbe Tasse
- Hühnerbrühe, eine Tasse
- Sojasauce, drei Esslöffel
- Salz und Pfeffer, je nach Geschmack
- Knoblauch-Ingwer-Paste, ein Esslöffel
- Tofu, ein Block
- Daikon, einer

ANWEISUNGEN:
a) Öl in einem großen Topf auf höchster Stufe erhitzen.
b) Weiße und hellgrüne Teile von Frühlingszwiebeln, Knoblauch und Ingwer unter häufigem Rühren etwa drei Minuten kochen, bis sie weich sind und duften.
c) Brühe hinzufügen und dann die Sojasauce unterrühren.
d) Daikon hinzufügen und leicht köcheln lassen, bis der Daikon weich ist, fünfzehn Minuten.
e) Kimchi und Tofu hinzufügen.
f) Köcheln lassen, bis der Tofu durchgewärmt ist.
g) Vorsichtig auf die Schüsseln verteilen.
h) Ihre Suppe ist servierfertig.

25. Croissants mit Kimchi und Blauschimmelkäse

ZUTATEN:
- ½ Portion Mutterteig, aufgegangen
- 105 g Mehl zum Bestäuben [¼ Tasse]
- 1 Portion Kimchi-Butter
- 200 g Blauschimmelkäse, zerbröckelt [7 Unzen (1 Tasse)]
- 1 Ei
- 4 g Wasser [½ Teelöffel]

ANWEISUNGEN:

a) Den Teig auf einer glatten, trockenen Arbeitsplatte ausstanzen und flach drücken. Bestäuben Sie die Arbeitsfläche, den Teig und ein Nudelholz mit Mehl und rollen Sie den Teig zu einem Rechteck von etwa 20 x 30 cm und gleichmäßiger Dicke aus.

b) Nehmen Sie das Butterpad aus dem Kühlschrank und legen Sie es auf eine Hälfte des Teigrechtecks. Falten Sie die andere Hälfte des Teigrechtecks über das Butterpad und drücken Sie die Ränder rundherum zusammen.

c) Mit Plastikfolie abdecken und 10 Minuten bei Zimmertemperatur ruhen lassen.

d) Um die Croissants zuzubereiten, müssen Sie drei „doppelte Buch"-Umdrehungen in den Teig geben, um ausreichend abwechselnde Schichten aus Mehl und Butter zu bilden, damit die Croissants im Ofen aufgehen und aufgehen können.

e) Bestäuben Sie für Ihre erste doppelte Buchdrehung Ihre Arbeitsfläche, Ihr Nudelholz und den Teig mit Mehl und denken Sie daran, auch die Unterseite des Teigs zu bestäuben. Rollen Sie den Teig erneut zu einem Rechteck von 20 x 30 Zentimetern und gleichmäßiger Dicke aus.

f) Gehen Sie vorsichtig mit dem Nudelholz um und achten Sie darauf, dass Sie keinen Teil des Butterbündels beschädigen oder so fest rollen, dass die Butter direkt aus dem Teig rollt. Stellen Sie sicher, dass nicht zu viel Mehl auf oder unter Ihrem Teig zurückbleibt. Stauben Sie überschüssiges Mehl mit den Händen ab.

g) Teilen Sie Ihren Teig optisch der Länge nach in Viertel. Falten Sie die beiden äußeren Viertel zur Mittelachse oder zum Rücken des Teigrechtecks, sodass sie sich in der Mitte treffen. Schließen Sie dann das Buch und bringen Sie eine Kante an die andere, sodass der Buchrücken nun auf einer Seite liegt. Wickeln Sie es locker in Plastik ein und legen Sie es für 30 Minuten in den Kühlschrank.

h) Wiederholen Sie die Schritte 2 und 3 noch zweimal, um insgesamt 3 Drehungen zu machen. Achten Sie jedes Mal, wenn Sie eine Drehung beginnen, darauf, dass die offenen Kanten oder die Naht Ihres Teigs von Ihnen weg zeigen. Manchmal schreiben wir 1, 2 oder 3 auf die Plastikfolie, mit der wir den Teig einwickeln, während wir die Teigrollen hineinlegen, damit wir nicht den Überblick verlieren. Wenn Sie eine Umdrehung zu oft machen, schadet das Ihrem Teig nicht; Wenn Sie eines auslassen, werden Sie von Ihren Soft-Body-Croissants sehr enttäuscht sein.

i) Bestäuben Sie beim letzten und letzten Ausrollen Ihre Arbeitsfläche, Ihr Nudelholz und Ihren Teig mit Mehl und denken Sie daran, auch die Unterseite des Teigs zu bestäuben. Den Teig zu einem Rechteck ausrollen, das 20 x 30 cm groß und gleichmäßig dick ist.

j) Schneiden Sie den Teig mit einem Gemüsemesser oder einem Pizzaschneider in fünf Dreiecke, jedes von der spitzesten Spitze bis zur Mitte der Seite 20 cm lang und an der Unterseite 10 cm breit.

k) Verteilen Sie den Blauschimmelkäse auf die Croissants und legen Sie ihn in die Mitte des breiten unteren Endes jedes Dreiecks. Beginnen Sie am Ende des Blauschimmelkäses und rollen Sie den Teig mit einer Hand in Richtung der Spitze des Dreiecks, während Sie mit der anderen Hand die Spitze festhalten und ihn vorsichtig wegziehen.

l) Fahren Sie fort, bis das Dreieck vollständig halbmondförmig aufgerollt ist. Stellen Sie sicher, dass die Spitze des Dreiecks unter dem Körper des Halbmonds steckt, sonst löst er sich im Ofen auf. Rollen Sie die Reste zu Kimchi-Croissant-Knoten zusammen oder machen Sie Schweinebabys in Decken!

m) Übertragen Sie die Croissants in ein mit Backpapier ausgelegtes Backblech und ordnen Sie sie im Abstand von 15 cm an. Leicht mit Plastikfolie abdecken und etwa 45 Minuten bei Raumtemperatur stehen lassen, bis sich die Größe verdoppelt hat.

n) Heizen Sie den Ofen auf 375 °F vor.

o) Ei und Wasser in einer kleinen Schüssel verquirlen. Bestreichen Sie die Oberseite Ihrer Croissants mit einem Pinsel großzügig mit der Eiermilch.

p) Backen Sie die Croissants 20 bis 25 Minuten lang oder bis sie doppelt so groß sind, an den Rändern karamellisieren und eine knusprige Außenschicht haben, die beim Klopfen hohl klingt. Sie schmecken direkt aus dem Ofen hervorragend und sind auch bei Zimmertemperatur köstlich.

26. Kimchi-Nudelsalat

ZUTATEN:

- 1 Pfund braune Reisnudeln, gekocht, abgetropft und abgespült, bis sie abgekühlt sind
- 2½ Tassen gehacktes Kohl-Kimchi
- 3 bis 4 Esslöffel Gochujang
- 1 Tasse Mungobohnensprossen
- 4 Frühlingszwiebeln (weiße und grüne Teile), in dünne Scheiben geschnitten
- 1 mittelgroße Gurke, halbiert, entkernt und in dünne Scheiben geschnitten
- 2 Esslöffel Sesamkörner, geröstet

ANWEISUNGEN:

a) Reisnudeln, Kimchi, Gochujang und Mungobohnensprossen in eine große Schüssel geben und gut vermischen.

b) Zum Servieren die Mischung auf vier einzelne Teller verteilen und jeweils mit Frühlingszwiebeln, Gurkenscheiben und Sesamkörnern garnieren.

27. Lachs und Kimchi mit Mayo Poke

ZUTATEN:

- 2 TL. Sojasauce
- 1 Teelöffel. geriebener frischer Ingwer
- 1/2 TL. fein gehackter Knoblauch
- -Stücke geschnitten
- 1 Teelöffel. geröstetes Sesamöl
- 1/2 c. gehacktes Kimchi
- 1/2 c. dünn geschnittene Frühlingszwiebeln (nur grüne Teile)
- Salz nach Geschmack

ANWEISUNGEN:

a) In einer kleinen Schüssel Sojasauce, Ingwer und Knoblauch vermischen. Umrühren und den Ingwer und den Knoblauch etwa 5 Minuten ruhen lassen, damit sie weicher werden.

b) In einer mittelgroßen Schüssel den Lachs mit dem Sesamöl vermengen, bis er gleichmäßig bedeckt ist – so wird verhindert, dass der Fisch durch die Säure im Kimchi „gekocht" wird. Fügen Sie die Mischung aus Kimchi, Frühlingszwiebeln und Sojasauce hinzu.

c) Vorsichtig unterheben, bis alles gründlich vermischt ist. Abschmecken und nach Bedarf Salz hinzufügen; Wenn Ihr Kimchi bereits gut gewürzt ist, benötigen Sie möglicherweise kein Salz.

d) Sofort servieren oder gut abdecken und bis zu einem Tag im Kühlschrank lagern. Wenn Sie den Poke marinieren lassen, probieren Sie ihn kurz vor dem Servieren noch einmal. Möglicherweise müssen Sie es mit einer Prise Salz würzen.

28.Kimchi-Lachs-Poke

ZUTATEN:

- 2 TL. Sojasauce
- 1 Teelöffel. geriebener frischer Ingwer
- 1/2 TL. fein gehackter Knoblauch
- 1 Pfund Lachs, in 3/4-Zoll-Stücke geschnitten
- 1 Teelöffel. geröstetes Sesamöl
- 1/2 c. gehacktes Kimchi
- 1/2 c. dünn geschnittene Frühlingszwiebeln (nur grüne Teile)
- Salz nach Geschmack

ANWEISUNGEN:

a) In einer kleinen Schüssel Sojasauce, geriebenen frischen Ingwer und gehackten Knoblauch vermischen. Rühren Sie um und lassen Sie den Ingwer und den Knoblauch etwa 5 Minuten ruhen, damit er weicher wird.

b) In einer mittelgroßen Schüssel den Lachs mit geröstetem Sesamöl vermengen, bis er gleichmäßig bedeckt ist. Dadurch wird verhindert, dass die Säure im Kimchi den Fisch „kocht".

c) Gehacktes Kimchi, dünn geschnittene Frühlingszwiebeln und die Sojasaucenmischung in die Schüssel mit dem Lachs geben. Vorsichtig unterheben, bis alles gründlich vermischt ist.

d) Probieren Sie den Poke und fügen Sie nach Bedarf Salz hinzu. Wenn das Kimchi bereits gut gewürzt ist, benötigen Sie möglicherweise kein zusätzliches Salz.

e) Sofort servieren oder gut abdecken und bis zu einem Tag im Kühlschrank lagern. Wenn Sie marinieren möchten, probieren Sie es kurz vor dem Servieren noch einmal ab und passen Sie das Salz bei Bedarf an.

29. Koreanische BBQ- Schweinefleisch-Poke-Bowl

ZUTATEN:
- 1 Pfund Schweinerücken, in dünne Scheiben geschnitten
- 1/4 Tasse Sojasauce
- 2 Esslöffel Gochujang (koreanische rote Paprikapaste)
- 1 Esslöffel Sesamöl
- 1 Esslöffel brauner Zucker
- 1 Tasse Kimchi
- 1 Gurke, in Scheiben geschnitten
- 2 Tassen gekochter Rundkornreis
- Sesamsamen zum Garnieren

ANWEISUNGEN:
a) Sojasauce, Gochujang, Sesamöl und braunen Zucker verrühren, um die Marinade herzustellen.
b) In der Mischung dünn geschnittenes Schweinefilet mindestens 30 Minuten marinieren.
c) Das marinierte Schweinefleisch in einer heißen Pfanne anbraten, bis es braun und durchgegart ist.
d) Stellen Sie Schüsseln mit Rundkornreis als Basis zusammen.
e) Mit koreanischem BBQ-Schweinefleisch, Kimchi und Gurkenscheiben belegen und mit Sesam bestreuen.

30. Probiotische Frühlingsrollen

ZUTATEN:
FÜR DIE FRÜHLINGSROLLEN:
- 8-10 Reispapierhüllen
- 2 Tassen gemischtes frisches Gemüse (z. B. Salat, Gurke, Karotte, Paprika), julienned
- 1 Tasse frische Kräuter (z. B. Minze, Koriander, Basilikum)
- 1 Tasse Kimchi oder Sauerkraut, abgetropft und gehackt
- 1 Tasse gekochtes Protein (z. B. gekochte Garnelen, Tofu oder zerkleinertes Hühnchen) (optional)
- Reisfadennudeln, gekocht und abgekühlt (optional)

FÜR DIE DIP-SAUCE:
- ¼ Tasse Sojasauce oder Tamari (für eine glutenfreie Option)
- 2 Esslöffel Reisessig
- 1 Esslöffel Honig oder Ahornsirup
- 1 Knoblauchzehe, gehackt
- ½ Teelöffel geriebener frischer Ingwer
- Eine Prise rote Paprikaflocken (optional, zum Schärfen)
- Sesamkörner oder gehackte Erdnüsse zum Garnieren (optional)

ANWEISUNGEN:

a) Das gemischte frische Gemüse in Julienne schneiden, die Kräuter hacken und das Kimchi oder Sauerkraut abtropfen lassen und hacken. Wenn Sie Protein (Garnelen, Tofu oder Hühnchen) verwenden, lassen Sie es kochen und fertig. Nach Belieben die Reisfadennudeln kochen und abkühlen lassen.

b) Füllen Sie eine große, flache Schüssel mit warmem Wasser. Tauchen Sie eine Reispapierhülle etwa 10–15 Sekunden lang in das warme Wasser, bis sie geschmeidig wird.

c) Legen Sie die weiche Reispapierhülle auf eine saubere, ebene Fläche.

d) Geben Sie zunächst eine kleine Handvoll gemischtes frisches Gemüse und Kräuter in die Mitte der Verpackung.

e) Wenn Sie Eiweiß oder Nudeln verwenden, geben Sie diese über das Gemüse.

f) Geben Sie einen oder zwei Esslöffel gehacktes Kimchi oder Sauerkraut über die anderen Zutaten.

g) Falten Sie die Seiten der Reispapierhülle über die Füllung.

h) Beginnen Sie mit dem Rollen von unten und drücken Sie dabei die Füllung fest zusammen.

i) Rollen Sie, bis die Frühlingsrolle versiegelt ist und die Naht unten liegt.

j) Mit den restlichen Zutaten weiter Frühlingsrollen zubereiten.

k) In einer kleinen Schüssel Sojasauce oder Tamari, Reisessig, Honig oder Ahornsirup, gehackten Knoblauch, geriebenen Ingwer und rote Paprikaflocken verrühren, wenn Sie etwas Schärfe wünschen.

l) Servieren Sie die probiotischen Frühlingsrollen mit der Dip-Sauce als Beilage.

m) Nach Belieben mit Sesamkörnern oder gehackten Erdnüssen garnieren.

31.Kimchi Ramen

ZUTATEN:
- 8 Tassen Wasser
- 4 Packungen Ramen-Nudeln (die Gewürzpäckchen wegwerfen)
- 2 Tassen Kimchi, gehackt
- 4 Tassen Gemüse- oder Pilzbrühe
- 1 Tasse geschnittene Shiitake-Pilze
- 1 Tasse Babyspinat
- 2 Frühlingszwiebeln, in Scheiben geschnitten
- 2 Esslöffel Sojasauce (oder Tamari für eine glutenfreie Variante)
- 2 Esslöffel Sesamöl
- 2 Teelöffel Reisessig
- 1 Teelöffel geriebener Ingwer
- 1 Teelöffel gehackter Knoblauch
- ½ Teelöffel rote Paprikaflocken (je nach Gewürzvorliebe anpassen)
- Weichgekochte oder Spiegeleier zum Garnieren (optional)

ANWEISUNGEN:

a) In einem großen Topf 8 Tassen Wasser zum Kochen bringen. Die Ramen-Nudeln dazugeben und nach Packungsanleitung kochen, bis sie al dente sind. Abtropfen lassen und beiseite stellen.

b) Im selben Topf das gehackte Kimchi, die Gemüse- oder Pilzbrühe, die geschnittenen Shiitake-Pilze, den Babyspinat und die Frühlingszwiebeln vermischen. Bringen Sie die Mischung zum Kochen.

c) In einer kleinen Schüssel Sojasauce, Sesamöl, Reisessig, geriebenen Ingwer, gehackten Knoblauch und rote Paprikaflocken verrühren, um das Kimchi-Ramen-Gewürz herzustellen.

d) Die Gewürze in die köchelnde Brühe geben und verrühren. Weitere 5 Minuten köcheln lassen, damit sich die Aromen vermischen.

e) Die gekochten Ramen-Nudeln auf vier Schüsseln verteilen.

f) Die Kimchi-Ramen-Brühe über die Nudeln schöpfen.

g) Falls gewünscht, belegen Sie jede Schüssel mit einem weich gekochten Ei oder einem Spiegelei, um zusätzliches Protein zu erhalten.

h) Servieren Sie Ihre Kimchi Ramen als geschmackvolles und probiotikareiches Wohlfühlessen.

32. Fermentierter Gemüseeintopf

ZUTATEN:
- 2 Tassen gemischtes fermentiertes Gemüse (z. B. Sauerkraut, Kimchi, Gurken)
- 1 Zwiebel, gehackt
- 2 Karotten, gewürfelt
- 2 Selleriestangen, gewürfelt
- 2 Knoblauchzehen, gehackt
- 6 Tassen Gemüsebrühe
- 1 Dose (14 oz) gewürfelte Tomaten
- 1 Tasse gekochte Bohnen (z. B. Kidneybohnen, schwarze Bohnen)
- 1 Teelöffel getrockneter Thymian
- Salz und Pfeffer nach Geschmack
- Frische Kräuter zum Garnieren (z. B. Petersilie, Dill)

ANWEISUNGEN:
a) In einem großen Suppentopf etwas Öl bei mittlerer Hitze erhitzen. Fügen Sie die gehackte Zwiebel, die gewürfelten Karotten und den gewürfelten Sellerie hinzu. Etwa 5 Minuten anbraten, bis das Gemüse weich wird.
b) Den gehackten Knoblauch einrühren und eine weitere Minute anbraten, bis es duftet.
c) Geben Sie das gemischte fermentierte Gemüse, die Gemüsebrühe, die gewürfelten Tomaten (mit ihrem Saft), die gekochten Bohnen und den getrockneten Thymian in den Topf. Bringen Sie die Mischung zum Kochen.
d) Reduzieren Sie die Hitze auf eine niedrige Stufe, decken Sie das Ganze ab und lassen Sie es etwa 20 bis 25 Minuten köcheln, damit sich die Aromen vermischen.
e) Den Eintopf mit Salz und Pfeffer abschmecken.
f) Vor dem Servieren mit frischen Kräutern garnieren.

33.Quinoa-Kimchi-Salat

ZUTATEN:
- 1 Tasse Quinoa, gekocht und abgekühlt
- 1 Tasse Kimchi, gehackt
- ½ Tasse Gurke, gewürfelt
- ½ Tasse rote Paprika, gewürfelt
- 2 Frühlingszwiebeln, in Scheiben geschnitten
- 2 Esslöffel Sojasauce (oder Tamari für eine glutenfreie Variante)
- 1 Esslöffel Sesamöl
- 1 Esslöffel Reisessig
- 1 Teelöffel Honig oder Ahornsirup
- Sesamsamen und gehackter Koriander zum Garnieren (optional)

ANWEISUNGEN:

a) In einer großen Rührschüssel den gekochten und abgekühlten Quinoa, das gehackte Kimchi, die gewürfelte Gurke, die gewürfelte rote Paprika und die geschnittenen Frühlingszwiebeln vermischen.

b) In einer separaten Schüssel Sojasauce, Sesamöl, Reisessig und Honig (oder Ahornsirup) verrühren, um das Dressing herzustellen.

c) Gießen Sie das Dressing über die Quinoa-Kimchi-Mischung. Alles vermischen, bis alles gut vermischt ist.

d) Decken Sie den Salat ab und stellen Sie ihn mindestens 30 Minuten lang in den Kühlschrank, damit sich die Aromen vermischen können.

e) Vor dem Servieren mit Sesamkörnern und gehacktem Koriander garnieren.

34. Probiotische Guacamole

ZUTATEN:
- 3 reife Avocados, geschält und entkernt
- ½ Tasse griechischer Naturjoghurt (oder milchfreie Alternative)
- ½ Tasse gewürfelte Tomaten
- ¼ Tasse gewürfelte rote Zwiebel
- ¼ Tasse gehackter frischer Koriander
- 1 Knoblauchzehe, gehackt
- Saft von 1 Limette
- Salz und Pfeffer nach Geschmack
- Optional: ½ Tasse gehacktes Kimchi für zusätzliche probiotische Wirkung

ANWEISUNGEN:
a) In einer Rührschüssel die reifen Avocados mit einer Gabel oder einem Kartoffelstampfer zerdrücken, bis sie glatt sind oder die gewünschte Stückigkeit haben.
b) Den zerdrückten Avocados den griechischen Naturjoghurt, die gewürfelten Tomaten, die gewürfelten roten Zwiebeln, den gehackten Koriander, den gehackten Knoblauch und den Limettensaft hinzufügen.
c) Alles vermischen, bis alles gut vermischt ist.
d) Wenn Sie einen zusätzlichen probiotischen Kick hinzufügen möchten, heben Sie das gehackte Kimchi unter.
e) Würzen Sie Ihre probiotische Guacamole mit Salz und Pfeffer nach Geschmack.
f) Mit Tortillachips, Gemüsesticks oder als Belag für Tacos und Burritos servieren.

35. Kimchi-Sauce

ZUTATEN:
- 1 Tasse koreanische Chiliflocken
- ½ Tasse Wasser
- 4 Esslöffel Knoblauchpaste
- 2 Teelöffel gehackter frischer Ingwer
- 1 Esslöffel feines Meersalz
- 2 Esslöffel Agavensirup

ANWEISUNGEN:
a) Alle Zutaten in eine Rührschüssel geben. Mit einem Gummispatel zu einer glatten Paste verrühren. Geben Sie die Paste in ein Glasgefäß mit Deckel.
b) In einem luftdichten Glas verschlossen, ist es im Kühlschrank zwei Monate haltbar.

36. Gewürfeltes Daikon-Rettich-Kimchi

ZUTATEN:
- 2 Pfund Daikon-Radieschen (2 große), in 1-Zoll-Würfel geschnitten
- 2 Esslöffel grobes Meersalz
- ½ Tasse Kimchi-Sauce
- 4 Frühlingszwiebeln, in 2,5 cm lange Scheiben geschnitten
- 1 kleiner Apfel, geschält, entkernt und gerieben

ANWEISUNGEN

a) Geben Sie die Daikon-Würfel und optionale Blätter in eine große Schüssel. Mit Meersalz bestreuen und 2 Stunden bei Zimmertemperatur ruhen lassen, damit es zusammenfällt.

b) Lassen Sie die Flüssigkeit aus dem Daikon abtropfen und geben Sie die Würfel und Blätter in eine trockene Schüssel. Fügen Sie die Kimchi-Sauce hinzu. Ziehen Sie ein Paar Handschuhe an und reiben Sie den Daikon damit ein, bis er mit der Kimchi-Sauce bedeckt ist. Die Frühlingszwiebel und den Apfel dazugeben und gut vermischen.

c) Geben Sie die Mischung in ein 1-Liter-Glas und verschließen Sie den Deckel fest. Zum Einlegen einen Tag bei Zimmertemperatur stehen lassen. Nach dem Öffnen im Kühlschrank aufbewahren.

d) Im Kühlschrank 2 Wochen haltbar.

37. Herzhafte Pfannkuchen

ZUTATEN:
- 1-1/2 Tassen gehäutete, gelbe Mungobohnen
- 1 Tasse Saft
- 1/4 Tasse Wasser
- 3/4 Tasse gehacktes Kimchi
- 1/2 Tasse Sojasprossen
- 3 Frühlingszwiebeln in Scheiben schneiden und in 3-Zoll-Stücke schneiden
- 1 Esslöffel gehackter Knoblauch
- 1 Esslöffel gehackter Ingwer
- 1 Esslöffel Fischsauce
- 1 Esslöffel Sesamöl
- Speiseöl

Dip-Sauce
- 1/2 Tasse Sojasauce
- 1/4 Tasse Reisessig
- 1 Esslöffel Sesamöl
- 1/2 Teelöffel Gochucharu
- 1/4 Teelöffel Sesamkörner
- 1 gehackte Frühlingszwiebel

ANWEISUNGEN:

a) Die Mungobohnen über Nacht in Wasser einweichen. Bohnen, Kimchi, Saft, Wasser, Knoblauch, Ingwer, Fischsauce und Sesamöl in einen Mixer geben.

b) Die Zutaten pulsieren, bis ein Teig entsteht. Nicht zu viel mixen : Der Teig sollte grob und etwas körnig sein. Wenn es zu dick ist, etwas mehr Wasser hinzufügen. Den Teig in eine große Schüssel geben und Kimchi, Sojasprossen und Frühlingszwiebeln untermischen. Den Teig portionsweise auf eine heiße, geölte Pfanne geben.

c) Auf jeder Seite braten, bis es braun und knusprig ist. Legen Sie die Pfannkuchen auf ein Papiertuch, um überschüssiges Öl aufzusaugen. Mit der Dip-Sauce essen.

38. Speck - Kimchi-Paella mit Hühnchen

ZUTATEN:
- 1 Tasse Arborio-Reis (oder jeder für Paella geeignete Kurzkornreis)
- 2 Hähnchenbrüste ohne Knochen und Haut, in mundgerechte Stücke geschnitten
- 4-6 Scheiben Speck, gehackt
- 1 Tasse Kimchi, gehackt
- 1 Zwiebel, fein gehackt
- 2 Knoblauchzehen, gehackt
- 1 rote Paprika, in Scheiben geschnitten
- 1 Tasse gefrorene Erbsen
- 1 Teelöffel Paprika
- ½ Teelöffel geräuchertes Paprikapulver (optional)
- ¼ Teelöffel Safranfäden (optional)
- 2 Tassen Hühnerbrühe
- ½ Tasse Weißwein
- Salz und schwarzer Pfeffer nach Geschmack
- 2 Esslöffel Olivenöl
- Gehackte frische Petersilie zum Garnieren

ANWEISUNGEN:

a) Beginnen Sie damit, die Safranfäden in 2 Esslöffel warmem Wasser einzuweichen und beiseite zu stellen. Dies wird dazu beitragen, seinen Geschmack und seine Farbe freizusetzen.

b) In einer großen Pfanne mit flachem Boden oder einer Paella-Pfanne das Olivenöl bei mittlerer bis hoher Hitze erhitzen. Den gehackten Speck hinzufügen und braten, bis er knusprig wird. Nehmen Sie den Speck aus der Pfanne und legen Sie ihn beiseite. Lassen Sie dabei das Speckfett in der Pfanne.

c) Die Hähnchenstücke mit Salz, schwarzem Pfeffer und Paprika würzen. Geben Sie das Hähnchen in dieselbe Pfanne und kochen Sie es, bis es gebräunt und durchgegart ist. Nehmen Sie das Hähnchen aus der Pfanne und legen Sie es beiseite.

d) In dieselbe Pfanne die gehackte Zwiebel, den Knoblauch und die in Scheiben geschnittene rote Paprika geben. Braten Sie sie an, bis die Zwiebeln glasig werden und der Pfeffer weich wird.

e) Geben Sie den Arborio-Reis in die Pfanne und rühren Sie ihn einige Minuten lang um, um den Reis leicht zu rösten.

f) Gießen Sie den Weißwein hinzu und kochen Sie, bis er größtenteils vom Reis aufgenommen wird.
g) Das gehackte Kimchi und den gekochten Speck in die Pfanne geben und alles vermischen.
h) Fügen Sie die Safranfäden zusammen mit der Einweichflüssigkeit, geräuchertem Paprika (falls verwendet) und 1 Tasse Hühnerbrühe hinzu. Gut umrühren.
i) Kochen Sie die Paella weiter bei mittlerer Hitze, fügen Sie nach Bedarf mehr Hühnerbrühe hinzu und rühren Sie gelegentlich um. Der Reis sollte die Flüssigkeit aufnehmen und cremig werden, dabei aber noch einen leichten Biss (al dente) behalten. Dies sollte etwa 15–20 Minuten dauern.
j) In den letzten Minuten des Garvorgangs die gefrorenen Erbsen und das gekochte Hähnchen wieder in die Pfanne geben. Rühren, bis die Erbsen durchgewärmt sind.
k) Probieren Sie die Paella und würzen Sie sie nach Bedarf mit Salz und schwarzem Pfeffer.
l) Sobald der Reis vollständig gekocht ist und die Flüssigkeit größtenteils aufgesogen ist, nehmen Sie die Paella vom Herd und lassen Sie sie vor dem Servieren einige Minuten ruhen.
m) Mit gehackter frischer Petersilie garnieren und Ihre Bacon-Kimchi-Paella mit Hühnchen heiß servieren.

39. Gegrillter Käse mit koreanischem Rindfleisch und Kimchi

ZUTATEN:
- 8 Unzen gekochtes Rindfleisch nach koreanischer Art (Bulgogi), in dünne Scheiben geschnitten
- 4 Scheiben Provolone-Käse
- ½ Tasse Kimchi, abgetropft und gehackt
- 4 Scheiben Brot
- Butter zum Bestreichen

ANWEISUNGEN:
a) Eine Seite jeder Brotscheibe mit Butter bestreichen.
b) Legen Sie eine Scheibe Provolone-Käse auf die ungebutterte Seite einer Brotscheibe.
c) Mit einer Schicht gekochtem Rindfleisch nach koreanischer Art belegen.
d) Eine Schicht gehacktes Kimchi auf dem Rindfleisch verteilen.
e) Mit einer weiteren Scheibe Provolone-Käse und einer weiteren Brotscheibe bedecken (mit der gebutterten Seite nach oben).
f) Den Vorgang mit den restlichen Brotscheiben und der Füllung wiederholen.
g) Erhitzen Sie eine Pfanne bei mittlerer Hitze und legen Sie die Sandwiches darauf.
h) Backen, bis das Brot goldbraun ist und der Käse geschmolzen ist, dabei nach der Hälfte der Zeit wenden.
i) Vom Herd nehmen, halbieren und heiß servieren.

40.Koreanischer Brisket-Kimchi-Burger

ZUTATEN:
- 500 g Rinderbrust, gehackt
- 125g Speck, von der Schwarte befreit, gehackt
- ⅓ Tasse (80 ml) helle Sojasauce
- Sonnenblumenöl zum Bestreichen
- 6 Frühlingszwiebeln, dunkelgrüner Teil in dünne Scheiben geschnitten, heller Teil halbiert
- 2 grüne Paprikaschoten, längs geviertelt
- 6 Brioche-Burgerbrötchen, geteilt, mit Öl bestrichen, mit schwarzem Sesam bestreut
- Kewpie-Mayonnaise und Gochujang (koreanische Chilipaste) zum Servieren

FÜR SCHNELLES KIMCHI:
- ¼ Tasse (55 g) Salz
- ⅓ Chinakohl (Wombok), in Scheiben geschnitten
- 4 Knoblauchzehen, zerdrückt
- ¼ Tasse (55 g) Puderzucker
- 2 Esslöffel Fischsauce
- 1 Esslöffel getrocknete Chiliflocken

ANWEISUNGEN:
a) Die gehackte Rinderbrust, den gehackten Speck und 2 Esslöffel Sojasauce vermengen. Aus der Masse 6 Patties formen und flach drücken. Die Patties mit den restlichen 2 Esslöffeln Sojasauce bestreichen. Kühlen Sie sie 30 Minuten lang.
b) In einer Schüssel Salz, geschnittenen Chinakohl und 2 Tassen (500 ml) heißes Wasser vermischen. Abdecken und 15 Minuten beiseite stellen. Den Kohl abspülen und abtropfen lassen. Die geschnittenen dunklen Frühlingszwiebeln und die restlichen Kimchi- Zutaten unterrühren.
c) Erhitzen Sie eine Holzkohlegrillpfanne bei starker Hitze und bestreichen Sie sie mit Öl. Kochen Sie die Paprika und die halbierten hellen Frühlingszwiebeln 2-3 Minuten lang oder bis sie weich sind. Entfernen Sie sie und legen Sie sie beiseite.
d) Die Grillpfanne mit etwas mehr Öl bestreichen. Die Patties auf jeder Seite 2 Minuten braten. Reduzieren Sie die Hitze auf mittlere Stufe und kochen Sie sie auf jeder Seite weitere 3 Minuten lang oder bis sie verkohlt und durchgegart sind.

DIE BURGER ZUSAMMENBAUEN:
e) Die Brötchenböden mit Mayonnaise bestreichen. Belegen Sie sie mit Paprika, Pastetchen, Chilipaste, Frühlingszwiebeln, Kimchi und Brötchendeckeln. Servieren Sie Ihre köstlichen koreanischen Brisket- und Kimchi-Burger!
f) Genießen Sie die einzigartige Geschmacksverschmelzung dieses Burgers!

41. Soja-Curl-Kimchee-Frühlingsrollen

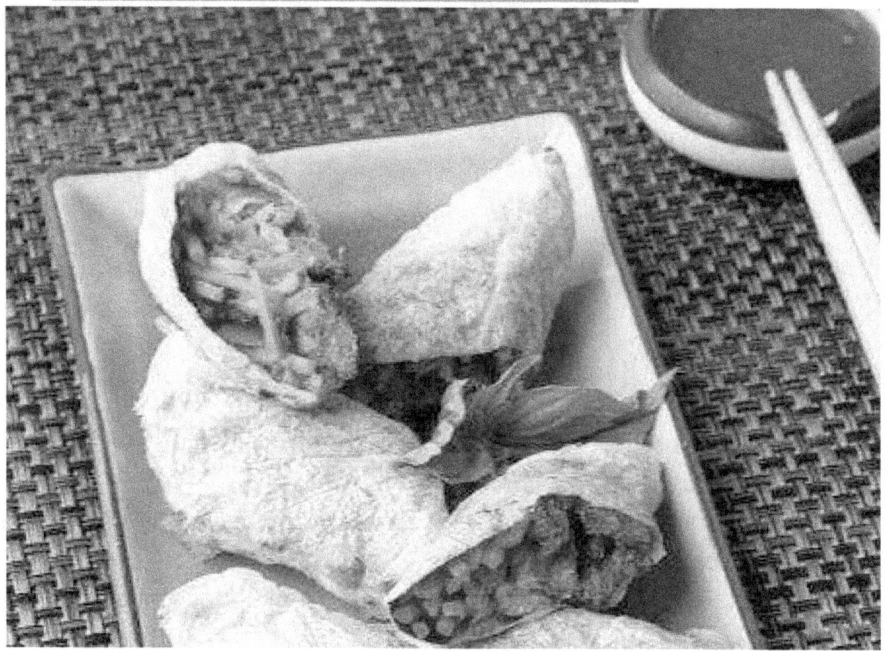

ZUTATEN:

- 1 Tasse Soja-Curl-Pommes oder vegane gefrorene Hähnchenstreifen
- 1 kleine Karotte
- 4 frische Basilikumblätter
- 1/2 Tasse hausgemachtes oder im Laden gekauftes veganes Kimchee
- 4 (6 bis 8 1/2 Zoll) Reispapierblätter
- 2 bis 3 Spritzer Rapsöl

ANWEISUNGEN:

a) Bereiten Sie die Soja-Curl-Pommes zu. Wenn Sie vegane Hähnchenstreifen verwenden, tauen Sie diese auf und schneiden Sie sie der Länge nach in zwei Hälften.

b) Schneiden Sie die Karotte in Streifen und teilen Sie die Streifen in Viertel.

c) Tauchen Sie 1 Blatt Reispapier 5 Sekunden lang oder bis es feucht ist in warmes Wasser. Legen Sie das feuchte Reispapier auf eine Arbeitsfläche und lassen Sie es 30 Sekunden lang ruhen, bis es geschmeidig ist. 1 Basilikumblatt auf das Reispapier legen. Fügen Sie ein Viertel der Karottenstäbchen, 2 Esslöffel Kimchee und 1/4 Tasse Soja-Curl-Pommes hinzu.

d) Rollen Sie das Reispapier, indem Sie die Kante vom Schneidebrett wegziehen. Rollen Sie die Füllung darüber, raffen Sie sie zusammen, stecken Sie sie unter die Hülle und rollen Sie sie, bis das Ende des Papiers erreicht ist. Wiederholen Sie diesen Vorgang, bis Sie 4 Frühlingsrollen erstellt haben.

e) Sprühen Sie 1 bis 2 Spritzer Rapsöl auf den Korb der Heißluftfritteuse. Legen Sie die Frühlingsrollen in den Heißluftfritteusenkorb und besprühen Sie die Oberseite der Rollen mit den restlichen 1 bis 2 Spritzern Öl. 6 Minuten bei 400 °F kochen und nach der Hälfte der Garzeit schütteln.

42. Eintopf-Kimchi-Ramen

ZUTATEN:
- 8 Unzen Schweinebauch (ohne Haut), in Scheiben geschnitten

FÜR DIE SCHWEINEMARINADE:
- 3 Knoblauchzehen, gehackt
- 1 Esslöffel frischer Ingwer, gehackt
- 1 Esslöffel Sherry
- 1 Esslöffel Sojasauce

FÜR DIE KIMCHI RAMEN:
- 4 weichgekochte Eier, halbiert
- ½ mittelgroße Zwiebel, in dünne Scheiben geschnitten
- 1 Tasse Shiitake-Pilze, in Scheiben geschnitten
- Halber Block fester Tofu, in Scheiben geschnitten
- 4 Unzen Enoki-Pilze
- 4 Baby-Pak Choi, halbiert
- 1 Tasse Kimchi, fest verpackt
- ½ Tasse Kimchi-Saft
- 4 Tassen Hühnerknochenbrühe (2 Kartons)
- 2 Esslöffel scharfe rote Paprikapaste
- 1 Esslöffel koreanisches rotes Pfefferpulver
- 2 Pakete Ramen
- Gehackte Frühlingszwiebeln zum Garnieren

ANWEISUNGEN:

a) Alle Zutaten für die Schweinefleischmarinade in einer mittelgroßen Schüssel vermischen.

b) Schneiden Sie die Schweinebauchscheiben in 5 cm lange Stücke. Das Schweinefleisch in die Marinade geben. Gut umrühren und beiseite stellen.

c) In einem kleinen Topf 2 Tassen Wasser zum Kochen bringen. Legen Sie die Eier vorsichtig in das kochende Wasser. Lassen Sie sie 5 Minuten kochen. Eier aus dem Topf nehmen und in kaltes Wasser legen.

d) In der Zwischenzeit Zwiebeln, Shiitake-Pilze und Tofu in Scheiben schneiden; Enoki- Pilze putzen und die Enden abschneiden; Waschen Sie den Baby -Pak Choi und schneiden Sie ihn in zwei Hälften. Alle vorbereiteten Zutaten beiseite stellen.

e) In einem mittelgroßen Topf den marinierten Schweinebauch bei mittlerer bis hoher Hitze etwa 2 Minuten lang kochen, dabei häufig umrühren.

f) Zwiebel und Kimchi hinzufügen. Etwa 2 Minuten anbraten, bis es duftet.

g) Kimchi-Saft, Brühe, rote Paprikapaste und rotes Paprikapulver hinzufügen und zum Kochen bringen.

h) Sobald die Suppenbasis kocht, Ramen und Shiitake-Pilze hinzufügen. 3 Minuten kochen lassen.

i) Tofu, Enoki- Pilze und Pak Choi hinzufügen und 2 Minuten kochen, bis die Ramen weich sind. Schalten Sie die Heizung aus.

j) Eier schälen und halbieren.

k) Kimchi-Ramen anrichten und mit halbierten Eiern servieren. Mit gehackten Frühlingszwiebeln garnieren.

43. gebratener Kimchi-Reis

ZUTATEN:
- 2 Tassen gekochter brauner Reis
- 1 Tasse Kimchi, gehackt
- 1 Karotte, fein gewürfelt
- 1 Tasse Spinat, gehackt
- 2 Esslöffel Sojasauce
- 1 Esslöffel Sesamöl
- 1 Frühlingszwiebel, in Scheiben geschnitten

ANWEISUNGEN:
a) In einer Pfanne die Karotten anbraten, bis sie weich sind. Spinat hinzufügen und kochen, bis er zusammenfällt.
b) Kimchi in die Pfanne geben und 2 Minuten braten.
c) Gekochten Reis, Sojasauce und Sesamöl hinzufügen. Zum Kombinieren gut umrühren.
d) Mit geschnittenen Frühlingszwiebeln garnieren und heiß servieren.

44.Kimchi-Krautsalat

ZUTATEN:
- 2 Tassen geriebener Chinakohl
- 1 Tasse geraspelte Karotten
- 1/2 Tasse Kimchi, gehackt
- 2 Esslöffel Reisessig
- 1 Esslöffel Sesamöl
- 1 Esslöffel Honig
- Sesamsamen zum Garnieren

ANWEISUNGEN:
a) In einer großen Schüssel zerkleinerten Kohl, Karotten und Kimchi vermengen.
b) In einer separaten Schüssel Reisessig, Sesamöl und Honig verrühren. Über den Krautsalat gießen und vermischen.
c) Vor dem Servieren mit Sesamkörnern garnieren.

45.Kimchi-Quesadillas

ZUTATEN:
- Mehl Tortillas
- 1 Tasse Kimchi, gehackt
- 1 Tasse geriebener Cheddar-Käse
- 1/2 Tasse gekochtes und zerkleinertes Hähnchen (optional)
- 2 Esslöffel Sauerrahm (zum Servieren)

ANWEISUNGEN:
a) Legen Sie eine Tortilla auf eine erhitzte Pfanne.
b) Eine Schicht Cheddar-Käse darüber streuen, gehacktes Kimchi und Hühnchen (falls verwendet) hinzufügen. Mit einer weiteren Schicht Käse belegen und eine weitere Tortilla darauf legen.
c) Kochen, bis der Käse geschmolzen ist und die Tortillas auf beiden Seiten goldbraun sind.
d) In Spalten schneiden und mit einem Klecks Sauerrahm servieren.

46. Kimchi-Avocado-Toast

ZUTATEN:
- 4 Scheiben Vollkornbrot
- 1 reife Avocado, zerdrückt
- 1 Tasse Kimchi, abgetropft und gehackt
- Sesamsamen zum Garnieren
- Rote Paprikaflocken (optional)

ANWEISUNGEN:
a) Toasten Sie die Brotscheiben nach Belieben.
b) Verteilen Sie die zerdrückte Avocado gleichmäßig auf jeder Scheibe.
c) Mit gehacktem Kimchi belegen und mit Sesamkörnern (und roten Paprikaflocken, wenn Sie es etwas scharf mögen) bestreuen.

47.Kimchi-Tofu-Pfanne

ZUTATEN:
- 1 Block fester Tofu, gewürfelt
- 1 Tasse Kimchi, gehackt
- 1 Tasse Brokkoliröschen
- 1 Paprika, in Scheiben geschnitten
- 2 Esslöffel Sojasauce
- 1 Esslöffel Sesamöl
- 1 Esslöffel Honig
- Gekochter Reis zum Servieren

ANWEISUNGEN:
a) In einer Pfanne den Tofu goldbraun anbraten. Brokkoli und Paprika hinzufügen.
b) Gehacktes Kimchi einrühren und weitere 2-3 Minuten kochen lassen.
c) Mischen Sie in einer kleinen Schüssel Sojasauce, Sesamöl und Honig. Über die Tofu-Gemüse-Mischung gießen.
d) Über gekochtem Reis servieren.

48.Kimchi-Hummus

ZUTATEN:
- 1 Dose (15 oz) Kichererbsen, abgetropft und abgespült
- 1/2 Tasse Kimchi, gehackt
- 2 Esslöffel Tahini
- 2 Knoblauchzehen
- 3 Esslöffel Olivenöl
- Saft von 1 Zitrone
- Salz und Pfeffer nach Geschmack

ANWEISUNGEN:
a) In einer Küchenmaschine Kichererbsen, Kimchi, Tahini, Knoblauch, Olivenöl und Zitronensaft vermischen.
b) Pürieren Sie alles, bis es glatt ist, und kratzen Sie die Seiten nach Bedarf ab.
c) Mit Salz und Pfeffer abschmecken. Mit Pita-Chips oder Gemüsesticks servieren.

49.Kimchi-Sushi-Rollen

ZUTATEN:
- Nori- Blätter
- Gekochter Sushi-Reis
- 1 Tasse Kimchi, gehackt
- Geschnittene Avocado
- In Scheiben geschnittene Gurke
- Sojasauce zum Dippen

ANWEISUNGEN:
a) Legen Sie ein Blatt Nori auf eine Bambus-Sushimatte.
b) Verteilen Sie eine Schicht Sushi-Reis auf dem Nori und lassen Sie oben einen kleinen Rand frei.
c) Fügen Sie eine Reihe gehacktes Kimchi, geschnittene Avocado und Gurke hinzu.
d) Das Sushi fest aufrollen und in mundgerechte Stücke schneiden. Mit Sojasauce servieren.

50.Kimchi-Teufelseier

ZUTATEN:
- 6 hartgekochte Eier, geschält und halbiert
- 1/4 Tasse Kimchi, fein gehackt
- 2 Esslöffel Mayonnaise
- 1 Teelöffel Dijon-Senf
- Salz und Pfeffer nach Geschmack
- Paprika zum Garnieren

ANWEISUNGEN:
a) Entfernen Sie das Eigelb und zerstampfen Sie es in einer Schüssel.
b) Gehacktes Kimchi, Mayonnaise, Dijon-Senf, Salz und Pfeffer untermischen.
c) Die Mischung wieder in die Eiweißhälften geben.
d) Mit Paprika bestreuen und vor dem Servieren im Kühlschrank aufbewahren.

51.Kimchi-Caesar-Salat

ZUTATEN:
- Römersalat, gehackt
- 1 Tasse Kimchi, gehackt
- Croutons
- Gehobelter Parmesankäse
- Caesar Dressing

ANWEISUNGEN:

a) In einer großen Schüssel gehackten Römersalat und Kimchi vermengen.
b) Croutons und gehobelten Parmesankäse hinzufügen.
c) Mit Ihrem Lieblings-Caesar-Dressing vermengen und sofort servieren.

52. Kimchi Guacamole

ZUTATEN:
- 3 reife Avocados, püriert
- 1 Tasse Kimchi, gehackt
- 1/4 Tasse rote Zwiebel, fein gewürfelt
- 1 Limette, entsaftet
- Salz und Pfeffer nach Geschmack
- Tortillachips zum Servieren

ANWEISUNGEN:
a) In einer Schüssel die Avocados zerdrücken.
b) Gehacktes Kimchi, rote Zwiebeln, Limettensaft, Salz und Pfeffer hinzufügen. Gut mischen.
c) Servieren Sie die Kimchi-Guacamole mit Tortillachips.

53.Kimchi-Pfannkuchen/ Kimchijeon

ZUTATEN:

- 500 g Chinakohl - Kimchi
- 2 Teelöffel Gochugaru Chilipulver _
- 2 Esslöffel fermentierte Sardellensauce
- 650 g (1 lb 7 oz) koreanischer Pfannkuchenteig
- Neutrales Pflanzenöl

ANWEISUNGEN:

a) Schneiden Sie das Kimchi mit einer Schere in kleine Stücke und geben Sie es in eine Schüssel, ohne den Saft abzulassen. Gochugaru hinzufügen Chilipulver und fermentierte Sardellensauce. Den Pfannkuchenteig dazugeben und gut vermischen.

b) Eine Bratpfanne großzügig mit Pflanzenöl bestreichen und bei starker Hitze erhitzen. Eine dünne Schicht Kimchi-Teig auf dem Boden der Pfanne verteilen. Heben Sie den Teig sofort mit einem Spatel vom Boden der Form ab, damit er nicht festklebt. Sobald die Ränder anfangen zu bräunen und die Oberfläche leicht fest wird, den Pfannkuchen umdrehen.

c) Die andere Seite bei starker Hitze weitere 4 Minuten braten. Wiederholen Sie dies für jeden Pfannkuchen.

d) Mit koreanischer Pfannkuchensauce oder eingelegten Zwiebeln und Sojasauce genießen.

54.Chinakohlsalat mit Kimchi-Sauce

ZUTATEN:
- 600 g Chinakohl _ _
- 50 g grobes Meersalz
- 1 Liter (4 Tassen) Wasser
- 4 Stängel Knoblauch-Schnittlauch (oder 2 Stängel Frühlingszwiebeln/Frühlingszwiebeln, keine Knolle)
- 1 Karotte
- 1 Esslöffel Zucker
- 50 g (1¾ oz) würzige Marinade
- 2 Esslöffel fermentierte Sardellensauce
- ½ Esslöffel Sesam
- Meersalz

ANWEISUNGEN:
a) Den Chinakohl in große, mundgerechte Stücke schneiden. Lösen Sie das Salz im Wasser auf und tauchen Sie den Kohl ein. 1½ Stunden ruhen lassen.
b) Den Schnittlauch in 5 cm große Stücke schneiden. Reiben Sie die Karotte.
c) Den Kohl abtropfen lassen. Spülen Sie es dreimal hintereinander aus und lassen Sie es dann 30 Minuten lang abtropfen.
d) Mit Zucker, würziger Marinade, fermentierter Sardellensauce, Karotte und Schnittlauch vermischen.
e) Mit Meersalz abschmecken. Mit Sesamkörnern bestreuen.

EINGELEGTER KOHL

55. Klassischer eingelegter Kohl

ZUTATEN:
- 1 mittelgroßer Kohl, in dünne Scheiben geschnitten
- 1 Tasse weißer Essig
- 1 Tasse Wasser
- 1/4 Tasse Zucker
- 1 Esslöffel Salz
- 1 Teelöffel Senfkörner
- 1 Teelöffel Selleriesamen
- 1 Teelöffel Kurkuma

ANWEISUNGEN:

a) In einem Topf Wasser, Essig, Zucker, Salz, Senfkörner, Selleriesamen und Kurkuma vermischen.

b) Die Mischung unter Rühren zum Kochen bringen, bis sich Zucker und Salz aufgelöst haben.

c) Den in dünne Scheiben geschnittenen Kohl in eine große Schüssel geben.

d) Gießen Sie die heiße Salzlake über den Kohl und achten Sie darauf, dass er vollständig eingetaucht ist.

e) Lassen Sie den eingelegten Kohl auf Raumtemperatur abkühlen, bevor Sie ihn in ein sterilisiertes Glas umfüllen.

f) Vor dem Servieren mindestens 24 Stunden im Kühlschrank lagern.

56. Piccalilli

ZUTATEN:
- 6 Tassen gehackte grüne Tomaten
- 1 1/2 Tassen grüne Paprika , gehackt
- 7 1/2 Tasse gehackter Kohl
- 1/2 Tasse Pökelsalz
- 1 1/2 Tassen süße rote Paprika , gehackt
- 2 1/4 Tassen gehackte Zwiebeln
- 3 Esslöffel ganzes gemischtes Beizgewürz
- 4 1/2 Tassen 5 % Essig
- 3 Tassen brauner Zucker

ANWEISUNGEN:

a) Gemüse mit 1/2 Tasse Salz vermengen .
b) Mit heißem Wasser bedecken und 12 Stunden ruhen lassen . Abfluss .
c) Gewürze in einen Gewürzbeutel binden, mit Essig und Zucker vermischen und zum Kochen bringen.
d) Gemüse dazugeben und 30 Minuten leicht kochen lassen; Entfernen Sie den Gewürzbeutel.
e) Füllen Sie heiße, sterile Gläser mit der heißen Mischung und lassen Sie dabei 1 cm Platz .
f) Luftblasen ablassen.
g) Die Gläser fest verschließen und anschließend 5 Minuten im Wasserbad erhitzen.

57. Einfaches Sauerkraut

ZUTATEN:
- 25 Pfund. Kohl , abgespült und zerkleinert
- 3/4 Tasse Pökelsalz

ANWEISUNGEN:
a) Kohl in einen Behälter geben und 3 Esslöffel Salz hinzufügen.
b) Mit sauberen Händen mischen.
c) Pack bis das Salz dem Kohl den Saft entzieht.
d) Teller und Gewichte hinzufügen; Decken Sie den Behälter mit einem sauberen Badetuch ab.
e) bis 4 Wochen bei 70 bis 75 °F lagern .

58. Würziger asiatischer eingelegter Kohl

ZUTATEN:
- 1 kleiner Kohl, zerkleinert
- 1 Tasse Reisessig
- 1/2 Tasse Sojasauce
- 2 Esslöffel Zucker
- 2 Knoblauchzehen, gehackt
- 1 Esslöffel Ingwer, gerieben
- 1 Teelöffel rote Paprikaflocken

ANWEISUNGEN:
a) Reisessig, Sojasauce, Zucker, gehackten Knoblauch, geriebenen Ingwer und rote Paprikaflocken in einer Schüssel vermischen.
b) Gut vermischen, bis sich der Zucker aufgelöst hat.
c) Geben Sie den zerkleinerten Kohl in ein großes Glas und gießen Sie die Flüssigkeit darüber.
d) Verschließen Sie das Glas und stellen Sie es vor dem Servieren mindestens 2 Stunden lang in den Kühlschrank.

59. Mit Apfelessig eingelegter Kohl

ZUTATEN:
- 1 kleiner Rotkohlkopf, in dünne Scheiben geschnitten
- 1 Tasse Apfelessig
- 1/2 Tasse Wasser
- 2 Esslöffel Honig
- 1 Esslöffel Salz
- 1 Teelöffel ganze schwarze Pfefferkörner
- 2 Lorbeerblätter

ANWEISUNGEN:
a) In einem Topf Apfelessig, Wasser, Honig, Salz, Pfefferkörner und Lorbeerblätter vermischen.
b) Die Mischung unter Rühren köcheln lassen, bis sich Honig und Salz aufgelöst haben.
c) Geben Sie die Kohlscheiben in eine große Schüssel und gießen Sie die heiße Salzlake darüber.
d) Lassen Sie es abkühlen, geben Sie den eingelegten Kohl dann in ein Glas und stellen Sie ihn vor dem Servieren mindestens 4 Stunden lang in den Kühlschrank.

60.Mit Dill und Knoblauch eingelegter Kohl

ZUTATEN:
- 1 mittelgroßer Grünkohl, zerkleinert
- 1 1/2 Tassen weißer Essig
- 1 Tasse Wasser
- 3 Esslöffel Zucker
- 2 Esslöffel Salz
- 3 Knoblauchzehen, zerdrückt
- 2 Esslöffel frischer Dill, gehackt

ANWEISUNGEN:
a) In einem Topf weißen Essig, Wasser, Zucker, Salz, zerdrückten Knoblauch und gehackten Dill vermischen.
b) Erhitzen Sie die Mischung, bis sich Zucker und Salz aufgelöst haben.
c) Geben Sie den zerkleinerten Kohl in ein großes Glas und gießen Sie die heiße Salzlake darüber.
d) Lassen Sie es abkühlen und stellen Sie es dann mindestens 12 Stunden lang in den Kühlschrank, bevor Sie es genießen.

KOCHEN MIT KOHL

61. Rotkohl-Krautsalat

ZUTATEN:
- ½ Kopf Rotkohl, in dünne Scheiben geschnitten
- 2 Karotten, gerieben
- ½ Tasse Mayonnaise
- 2 Esslöffel Dijon-Senf
- 2 Esslöffel Apfelessig
- 1 Esslöffel Honig
- Salz und Pfeffer nach Geschmack
- Gehackte frische Petersilie zum Garnieren

ANWEISUNGEN:
a) In einer großen Schüssel Rotkohl und geriebene Karotten vermischen.
b) In einer separaten Schüssel Mayonnaise, Dijon-Senf, Apfelessig, Honig, Salz und Pfeffer verrühren.
c) Das Dressing über die Kohlmischung gießen und vermengen.
d) Vor dem Servieren mit gehackter Petersilie garnieren.

62. Fidschianisches Chicken Chop Suey

ZUTATEN:
- 1 Pfund Hähnchenbrust oder -schenkel ohne Knochen und Haut, in dünne Scheiben geschnitten
- 2 Esslöffel Pflanzenöl
- 1 Zwiebel, in Scheiben geschnitten
- 2 Knoblauchzehen, gehackt
- 1-Zoll-Stück frischer Ingwer, gerieben
- 1 Tasse geschnittener Kohl
- 1 Tasse geschnittene Karotten
- 1 Tasse geschnittene Paprika (rot, grün oder gelb)
- 1 Tasse geschnittene Brokkoliröschen
- ¼ Tasse Sojasauce
- 2 Esslöffel Austernsauce
- 1 Esslöffel Maisstärke, aufgelöst in 2 Esslöffel Wasser
- Gekochter weißer Reis zum Servieren

ANWEISUNGEN:

a) Erhitzen Sie das Pflanzenöl in einer großen Pfanne oder einem Wok bei mittlerer bis hoher Hitze.
b) Fügen Sie das in Scheiben geschnittene Hähnchen hinzu und braten Sie es an, bis es gar und leicht gebräunt ist. Nehmen Sie das Huhn aus der Pfanne und legen Sie es beiseite.
c) Geben Sie in derselben Pfanne bei Bedarf noch etwas Öl hinzu und braten Sie die geschnittenen Zwiebeln, den gehackten Knoblauch und den geriebenen Ingwer an, bis sie duften und die Zwiebeln durchscheinend sind.
d) Den geschnittenen Kohl, die Karotten, die Paprika und den Brokkoli in die Pfanne geben. Das Gemüse einige Minuten unter Rühren anbraten, bis es zart-knusprig ist.
e) Geben Sie das gekochte Hähnchen zurück in die Pfanne und vermischen Sie es mit dem Gemüse.
f) In einer kleinen Schüssel Sojasauce und Austernsauce vermischen. Gießen Sie die Soße über das Hähnchen und das Gemüse und vermischen Sie alles, bis es gut bedeckt ist.
g) Die Maisstärkemischung einrühren, um die Soße leicht anzudicken.
h) Servieren Sie das fidschianische Chicken Chop Suey über gekochtem weißem Reis für eine leckere und sättigende Mahlzeit.

63. Weißkohl und Kartoffeln

ZUTATEN:
- 1 Weißkohl (ca. 2 kg)
- 4 Karotten (geschält)
- 3 weiße Zwiebeln
- 1 grüne Paprika
- 6 große Kartoffeln (geschält)
- 3 Knoblauchzehen
- 2 Teelöffel Pflanzenöl
- 3 Teelöffel Salz
- 3 grüne Chilischoten

ANWEISUNGEN:
a) Kohl, Karotten, Zwiebeln, grüne Paprika und Kartoffeln waschen und grob in Stücke schneiden.
b) Den Knoblauch schälen und fein hacken.
c) Geben Sie den Kohl bei mittlerer Hitze in einen großen Topf mit Deckel.
d) Geben Sie nach 5 Minuten einen Schuss Wasser hinzu, damit der Kohl nicht an der Pfanne kleben bleibt.
e) Nach 10 Minuten, wenn der Kohl etwas weicher ist, die Karotten hinzufügen und das Öl unterrühren.
f) Nach 10 Minuten die Zwiebeln hinzufügen.
g) Nach 5 Minuten den Knoblauch hinzufügen.
h) Bei schwacher Hitze 10 Minuten auf dem Herd stehen lassen, bis das gesamte Gemüse gar und weich ist. Chilis und Pfeffer hinzufügen. Gründlich mischen und 5 Minuten kochen lassen.
i) Salz einrühren.

64. Grüne vegetarische Tostadas

ZUTATEN:
- 6 Maistortillas (je 5 Zoll)
- 2 Esslöffel natives Olivenöl extra, geteilt
- 1 Tasse gewürfelte Zucchini
- 1 Tasse gewürfelter Spargel
- ½ Tasse gewürfelte grüne Paprika
- ¼ Tasse gefrorener Mais
- 1 Tasse geriebener Kohl
- 2 Frühlingszwiebeln, gewürfelt
- Eine Handvoll Koriander, grob gehackt
- Meersalz und schwarzer Pfeffer
- Cashew-Sauerrahm und vorbereitete Tomatillo-Salsa zum Servieren

ANWEISUNGEN:
a) Heizen Sie Ihren Backofen auf 400 °F vor. Die Maistortillas mit einem Esslöffel Olivenöl bestreichen und mit Meersalz bestreuen. Legen Sie sie auf ein Backblech und backen Sie sie, bis sie knusprig sind, was normalerweise etwa 10 Minuten dauert.

b) In einer Pfanne den restlichen Esslöffel Olivenöl bei mittlerer bis hoher Hitze erhitzen. Die gewürfelten Zucchini, Spargel, Paprika und Mais in die Pfanne geben. Anbraten, bis sie leicht weich sind, was etwa 3 Minuten dauern sollte. Dann den zerkleinerten Kohl in die Pfanne geben und weitere 2 Minuten anbraten. Die Mischung mit Salz und Pfeffer abschmecken und den Herd ausschalten.

c) Das sautierte Gemüse gleichmäßig auf die knusprigen Tortillas verteilen. Mit gewürfelten Frühlingszwiebeln und grob gehacktem Koriander bestreuen. Jeweils mit Cashew-Sauerrahm und Tomatillo-Salsa beträufeln.

d) Genießen Sie Ihre grünen Gemüse-Tostadas!

65. Mangold- und Brokkolisaft

ZUTATEN:
- 1 kleiner Brokkolikopf, in Röschen zerteilt
- 1 kleiner Kopf Rotkohl
- ½ Teelöffel Maca -Pulver
- 3 große Blätter Mangold, in Stücke gerissen

ANWEISUNGEN:
a) Kohl und Brokkoli durch einen Entsafter verarbeiten.
b) Geben Sie die restlichen Zutaten in Ihren Entsafter.
c) Den Saft sorgfältig verrühren. Zum Schluss servieren Sie den Saft auf Wunsch auf zerstoßenem Eis.

66. Rettich-Kohl-Krautsalat

ZUTATEN:
- 1 Bund Radieschen, geputzt und in dünne Scheiben geschnitten
- ½ kleiner Rotkohl, in dünne Scheiben geschnitten
- 1 Karotte, gerieben
- ¼ Tasse Mayonnaise
- 1 Esslöffel Apfelessig
- 1 Teelöffel Honig
- Salz und Pfeffer nach Geschmack

ANWEISUNGEN:

a) In einer großen Schüssel Radieschen, Rotkohl und Karotten vermengen.

b) In einer kleinen Schüssel Mayonnaise, Apfelessig, Honig, Salz und Pfeffer verrühren.

c) Gießen Sie das Dressing über das Gemüse und vermischen Sie es, bis es gut bedeckt ist.

d) Vor dem Servieren mindestens 30 Minuten im Kühlschrank lagern.

67.Regenbogensalat mit Kohl

ZUTATEN:
- 5-Unzen- Packung Kopfsalat
- 5-Unzen-Paket Rucola
- 5-Unzen-Packung der würzigen Mischung Mikrogrün
- 1 dünn geschnittener lila Rettich
- 1/2 Tasse Zuckererbsen, in dünne Scheiben geschnitten
- 1 grüner Rettich, in dünne Scheiben geschnitten
- 1/4 Tasse Rotkohl, geraspelt
- 2 Schalotten, in Ringe geschnitten
- 1 Wassermelonen-Rettich, in dünne Scheiben geschnitten
- 2 Blutorangen, segmentiert
- 3 Regenbogenkarotten, in Streifen geschnitten
- 1/2 Tasse Blutorangensaft
- 1/2 Tasse natives Olivenöl extra
- 1 Esslöffel Rotweinessig
- 1 Esslöffel getrockneter Oregano
- 1 Esslöffel Honig
- Salz und Pfeffer nach Geschmack
- zum Garnieren essbarer Blumen

ANWEISUNGEN:

a) Olivenöl, Rotweinessig und Oregano in einem Behälter vermischen. Die Schalotten dazugeben und mindestens 2 Stunden auf der Arbeitsplatte marinieren lassen.

b) Die Schalotten beiseite stellen.

c) In einem Glas Orangensaft, Olivenöl, Honig und eine Prise Salz und Pfeffer verrühren, bis eine dicke und glatte Masse entsteht. Mit Salz und Pfeffer abschmecken.

d) Geben Sie die würzige Mischung aus Microgreens, Salat und Rucola mit etwa ¼ Tasse Vinaigrette in eine sehr große Rührschüssel.

e) Die Karotten, Erbsen, Schalotten und Orangenstücke mit der Hälfte der Radieschen vermengen.

f) Alles zusammenstellen und zum Schluss noch etwas Vinaigrette und essbare Blumen hinzufügen.

68. Microgreens & Zuckererbsensalat

ZUTATEN:
VINAIGRETTE
- 1 Teelöffel Ahornsirup
- 2 Teelöffel Limettensaft
- 2 Esslöffel weißer Balsamico-Essig
- 1 ½ Tassen gewürfelte Erdbeeren
- 3 Esslöffel Olivenöl

SALAT
- 2 Radieschen, in dünne Scheiben geschnitten
- 6 Unzen Kohl-Microgreens
- 12 Zuckerschoten, in dünne Scheiben geschnitten
- Halbierte Erdbeeren, essbare Blüten und frische Kräuterzweige zum Garnieren

ANWEISUNGEN:
a) Für die Vinaigrette Erdbeeren, Essig und Ahornsirup in einer Rührschüssel verrühren. Die Flüssigkeit abseihen und Limettensaft und Öl hinzufügen.
b) Mit Salz und Pfeffer würzen.
c) Für den Salat Microgreens, Zuckerschoten, Radieschen, aufbewahrte Erdbeeren und ¼ Tasse Vinaigrette in einer großen Rührschüssel vermischen.
d) Zum Garnieren halbierte Erdbeeren, essbare Blüten und frische Kräuterzweige hinzufügen.

69. Bittersüßer Granatapfelsalat

ZUTATEN:
DRESSING:
- 2 Esslöffel Zitronensaft
- ½ Tasse Blutorangensaft
- ¼ Tasse Ahornsirup

SALAT:
- ½ Tasse frisch geschnittener Kohl-Microgreens
- 1 kleiner Radicchio, in mundgerechte Stücke gerissen
- ½ Tasse Rotkohl, in dünne Scheiben geschnitten
- ¼ kleine rote Zwiebel, fein gehackt
- 3 Radieschen, in dünne Scheiben geschnitten
- 1 Blutorange, geschält, entkernt und segmentiert
- Salz und Pfeffer nach Geschmack
- ⅓ Tasse Ricotta-Käse
- ¼ Tasse Pinienkerne, geröstet
- ¼ Tasse Granatapfelkerne
- 1 Esslöffel Olivenöl

ANWEISUNGEN:
DRESSING:

a) Alle Dressingzutaten 20–25 Minuten leicht köcheln lassen.
b) Vor dem Servieren abkühlen lassen.

SALAT:

c) Radicchio, Kohl, Zwiebeln, Radieschen und Microgreens in einer Rührschüssel vermengen.
d) Vorsichtig mit Salz, Pfeffer und Olivenöl vermischen.
e) Auf einer Servierplatte einen kleinen Löffel Ricotta-Käse verteilen.
f) Mit Pinienkernen und Granatapfelkernen belegen und mit Blutorangensirup beträufeln.

70. Cooler Salat für Lachsliebhaber

ZUTATEN:
- 1 Pfund Gekochter Königs- oder Coho- Lachs; In Stücke zerbrochen
- 1 Tasse Geschnittener Sellerie
- ½ Tasse Grob gehackter Kohl
- 1¼ Tasse Mayonnaise oder Salatdressing; (bis 1 ½)
- ½ Tasse Süßes Gurkenrelish
- 1 Esslöffel Meerrettich zubereitet
- 1 Esslöffel Fein gehackte Zwiebel
- ¼ Teelöffel Salz
- 1 Strich Pfeffer
- Salatblätter; Römerblätter oder Endivie
- Geschnittene Radischen
- Dill-Gurkenscheiben
- Brötchen oder Cracker

ANWEISUNGEN:
a) In einer großen Rührschüssel Lachs, Sellerie und Kohl vorsichtig vermengen.
b) In einer anderen Schüssel Mayonnaise oder Salatdressing, Gurkenrelish, Meerrettich, Zwiebel, Salz und Pfeffer verrühren. Fügen Sie es der Lachsmischung hinzu und vermengen Sie es, bis es bedeckt ist. Decken Sie den Salat ab und kühlen Sie ihn bis zum Servieren (bis zu 24 Stunden).
c) Eine Salatschüssel mit Gemüse auslegen. Die Lachsmischung hineinlöffeln. Mit Radieschen und Dillgurken belegen. Den Salat mit Brötchen oder Crackern servieren.

71.Pilz-Reispapierrollen

ZUTATEN:
- 1 Esslöffel Sesamöl
- 2 Knoblauchzehen, zerdrückt
- 1 Teelöffel geriebener Ingwer
- 2 Schalotten, fein gewürfelt
- 300 g Champignons, gehackt
- 40g Chinakohl, fein zerkleinert
- 2 Teelöffel salzarme Sojasauce
- 16 große Blätter Reispapier
- 1 Bund frischer Koriander, Blätter abgezupft
- 2 mittelgroße Karotten, geschält, fein geschnitten
- 1 Tasse Sojasprossen, geputzt
- Extra salzarme Sojasauce zum Servieren

ANWEISUNGEN:
Bereiten Sie die Pilzfüllung vor
a) Sesamöl, zerdrückten Knoblauch und geriebenen Ingwer in einer Bratpfanne bei schwacher Hitze 1 Minute lang erhitzen.
b) Fein gewürfelte Schalotten, gehackte Champignons und geriebenen Chinakohl in die Pfanne geben.
c) Erhöhen Sie die Hitze auf mittlere Stufe und kochen Sie es 3 Minuten lang oder bis die Zutaten gerade zart sind.
d) Geben Sie die gekochte Mischung in eine Schüssel, fügen Sie salzarme Sojasauce hinzu und stellen Sie sie zum Abkühlen beiseite.

Machen Sie die Reispapierblätter weich
e) Füllen Sie eine große Schüssel mit warmem Wasser.
f) Legen Sie jeweils zwei Reispapierblätter etwa 30 Sekunden lang ins Wasser, damit es weich wird. Stellen Sie sicher, dass sie weich, aber dennoch fest genug zum Anfassen sind.

MONTIEREN SIE DIE ROLLEN
g) Nehmen Sie die weichen Reispapierblätter aus dem Wasser und lassen Sie sie gut abtropfen. Legen Sie sie auf ein flaches Brett.
h) Bestreuen Sie jedes Blatt mit frischen Korianderblättern und legen Sie dann ein weiteres Blatt Reispapier darauf.
i) Belegen Sie das doppellagige Reispapier mit einem Esslöffel der Pilzmischung und achten Sie darauf, dass überschüssige Feuchtigkeit abfließt.
j) Julienne-Karotten und Sojasprossen über die Pilzmischung geben.
k) Falten Sie die Enden des Reispapiers ein und rollen Sie das Blatt fest auf.
l) Legen Sie die vorbereitete Rolle beiseite und decken Sie sie mit Plastik ab.
m) Wiederholen Sie den Vorgang mit den restlichen Zutaten, um weitere Brötchen zu formen.
n) Servieren Sie die Pilz-Reispapierrollen sofort mit extra salzarmer Sojasauce zum Dippen.

72. Asiatischer Gnocchi-Salat

ZUTATEN:
- 1 Pfund Kartoffelgnocchi
- 1 Tasse geriebener Kohl
- 1 Tasse Karotten, julieniert
- ½ Tasse Edamame-Bohnen, gekocht
- ¼ Tasse Frühlingszwiebeln, gehackt
- Sesamsamen
- Sesam-Ingwer-Dressing
- Sojasauce (optional)

ANWEISUNGEN:
a) Die Gnocchi nach Packungsanleitung kochen, dann abgießen und beiseite stellen.
b) In einer großen Schüssel die gekochten Gnocchi, den geriebenen Kohl, die Julienne-Karotten, die gekochten Edamame-Bohnen und die gehackten Frühlingszwiebeln vermischen.
c) Mit Sesam-Ingwer-Dressing beträufeln und vorsichtig umrühren, um alle Zutaten zu bedecken.
d) Sesamkörner darüber streuen.
e) Falls gewünscht, für zusätzlichen Geschmack einen Schuss Sojasauce hinzufügen.
f) Servieren Sie den asiatischen Gnocchi-Salat als lebendige und herzhafte Variante.

73.Kohlknödel

ZUTATEN:
- 1 Packung Knödelpapier
- ½ Pfund Schweinehackfleisch
- ½ Tasse Chinakohl, fein gehackt
- ¼ Tasse Frühlingszwiebeln, fein gehackt
- 1 Esslöffel Ingwer, gehackt
- 2 Esslöffel Sojasauce
- 1 Esslöffel Sesamöl
- 1 Teelöffel Zucker
- ½ Teelöffel Salz
- ¼ Teelöffel schwarzer Pfeffer

ANWEISUNGEN:

a) In einer Rührschüssel Schweinehackfleisch, Chinakohl, Frühlingszwiebeln, Ingwer, Sojasauce, Sesamöl, Zucker, Salz und schwarzen Pfeffer vermischen. Gut vermischen, bis alle Zutaten gleichmäßig eingearbeitet sind.

b) Nehmen Sie eine Knödelhülle und geben Sie einen Löffel der Schweinefleischfüllung in die Mitte.

c) Tauchen Sie Ihren Finger in Wasser und befeuchten Sie die Ränder der Hülle.

d) Falten Sie die Verpackung in der Mitte und drücken Sie die Ränder zusammen, um sie zu verschließen, sodass eine Halbmondform entsteht.

e) Wiederholen Sie den Vorgang mit den restlichen Knödelhüllen und der Füllung.

f) Bringen Sie einen großen Topf Wasser zum Kochen. Die Knödel in das kochende Wasser geben und etwa 5-7 Minuten kochen, bis sie an der Oberfläche schwimmen.

g) Die Knödel abtropfen lassen und heiß mit Sojasauce oder Ihrer Lieblings-Dip-Sauce servieren.

74.Taiwanesische gebratene Reisnudeln

ZUTATEN:

- 8 Unzen getrocknete Reisnudeln (Mi Fen)
- 2 Esslöffel Pflanzenöl
- 2 Knoblauchzehen, gehackt
- 1 Tasse geriebener Kohl
- 1 Tasse Sojasprossen
- ½ Tasse geschnittene Karotten
- ½ Tasse geschnittene grüne Paprika
- 2 Esslöffel Sojasauce
- 1 Esslöffel Austernsauce
- ½ Teelöffel Zucker
- ¼ Teelöffel weißer Pfeffer
- Frühlingszwiebeln, gehackt (zum Garnieren)

ANWEISUNGEN:

a) Reisnudeln nach Packungsanweisung kochen. Abtropfen lassen und beiseite stellen.
b) Pflanzenöl in einem großen Wok oder einer Pfanne bei mittlerer bis hoher Hitze erhitzen.
c) Den gehackten Knoblauch dazugeben und etwa 1 Minute lang anbraten, bis er duftet.
d) Den geriebenen Kohl, die Sojasprossen, die geschnittenen Karotten und die grüne Paprika in den Wok geben. Etwa 2–3 Minuten unter Rühren braten, bis das Gemüse leicht zart ist.
e) Schieben Sie das Gemüse auf eine Seite des Woks und geben Sie die gekochten Reisnudeln auf die leere Seite.
f) In einer kleinen Schüssel Sojasauce, Austernsauce, Zucker und weißen Pfeffer vermischen. Diese Soße über die Nudeln gießen.
g) Alles weitere 2-3 Minuten unter Rühren anbraten, bis die Nudeln gut mit der Soße bedeckt und durchgewärmt sind.
h) Mit gehackten Frühlingszwiebeln garnieren.
i) Servieren Sie den Tsao Mi Fun scharf als Hauptgericht oder Beilage.

75. Kohl und Edamame-Wraps

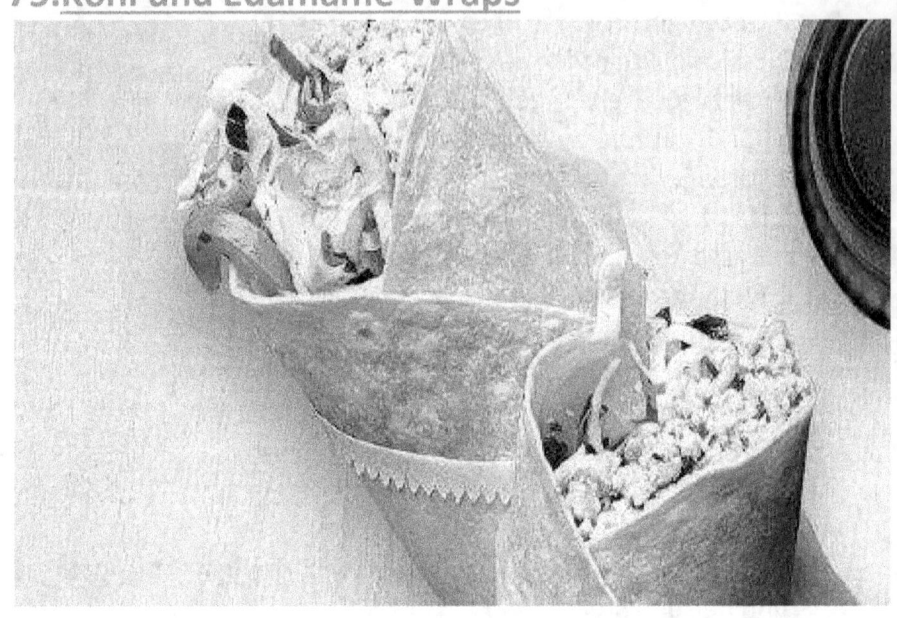

ZUTATEN:
- 6 Esslöffel Edamame-Hummus
- 2 Mehl-Tortillas
- ½ Tasse geraspelte Karotten und Kohl
- 1 Tasse frischer Babyspinat
- 6 Scheiben Tomate
- 2 Esslöffel Salatdressing der grünen Göttin

ANWEISUNGEN:
a) Hummus auf jeder Tortilla verteilen.
b) Mit Kohl und Karotten, Spinat und Tomaten belegen.
c) Mit Dressing beträufeln.
d) Fest aufrollen.
e) 2 Minuten in der Mikrowelle erwärmen.

76. Gebratener Eierreis in einer Tasse

ZUTATEN:
- 1 Tasse gekochter Jasminreis
- 2 Esslöffel gefrorene Erbsen
- 2 Esslöffel gehackte rote Paprika
- ½ Stiel Frühlingszwiebel, in Scheiben geschnitten
- 1 Prise Mungobohnensprossen
- 1 Prise geriebener Rotkohl
- 1 Ei
- 1 Esslöffel natriumarme Sojasauce
- ½ Teelöffel Sesamöl
- ½ Teelöffel Zwiebelpulver
- ¼ Teelöffel Fünf-Gewürze-Pulver

ANWEISUNGEN:
a) Geben Sie den Reis in eine Tasse.
b) Erbsen, rote Paprika, Frühlingszwiebeln, Mungobohnensprossen und Kohl darauf legen.
c) Decken Sie den Becher mit Frischhaltefolie ab.
d) Stechen Sie mit einem Messer Löcher in die Folie.
e) 1 Minute und 15 Sekunden lang auf höchster Stufe in der Mikrowelle erhitzen.
f) In der Zwischenzeit das Ei verquirlen und Sojasauce, Sesamöl, Zwiebelpulver und Fünf-Gewürze-Pulver untermischen.
g) Gießen Sie die Eiermischung in den Becher und verrühren Sie sie mit dem Gemüse und dem Reis
h) Decken Sie den Becher erneut mit Frischhaltefolie ab und stellen Sie ihn für 1 Minute 15 Sekunden bis 1 Minute 30 Sekunden in die Mikrowelle.
i) Nehmen Sie die Tasse aus der Mikrowelle und rühren Sie alles gut um.
j) Lassen Sie den gebratenen Reis eine Minute ruhen, um den Garvorgang abzuschließen.
k) Den Reis mit einer Gabel auflockern und servieren.

77. Kohllasagne

ZUTATEN:
- 2 Pfund Rinderhackfleisch
- 1 Zwiebel; gehackt
- 1 grüner Pfeffer; gehackt
- 1 mittelgroßer Kohlkopf; geschreddert
- 1 Teelöffel Oregano
- 1 Teelöffel Salz
- ⅛ Teelöffel Pfeffer
- 18 Unzen Tomatenmark; ODER
- Tomatenmark mit italienischen Gewürzen
- 8 Unzen Mozzarella-Käse; geschnitten

ANWEISUNGEN:

a) Rinderhackfleisch, Zwiebeln und grüne Paprika anbraten, bis das Fleisch braun ist. Gut abtropfen lassen.

b) In der Zwischenzeit den Kohl 2–5 Minuten kochen, bis er weich ist. Kombinieren Sie 2 Tassen flüssigen Kohl mit Oregano, Salz, Pfeffer und Tomatenmark.

c) 5 Minuten köcheln lassen oder in der Mikrowelle erhitzen. Fleisch-Gemüse-Mischung hinzufügen. Weitere 5 Minuten köcheln lassen. Die Hälfte der Tomaten-Fleisch-Mischung in eine 33 x 23 cm große Pfanne geben. Gut abgetropften Kohl auf die Soße schichten, dann den Rest der Soße darauflegen. Mit Käsescheiben bedecken, bis die Soße bedeckt ist.

d) Bei 400 F 25–40 Minuten backen. In den letzten 5-10 Minuten kann Käse hinzugefügt werden. Sie können es eine Weile in der Mikrowelle erhitzen und dann im Ofen fertig stellen, um die Garzeit zu verkürzen.

78.Japanischer Kohl Okonomiyaki

ZUTATEN:
- 2 Tassen Kohl, fein geraspelt
- 1 Tasse Allzweckmehl
- ¾ Tasse Wasser
- 2 große Eier
- ½ Tasse gehackte Frühlingszwiebeln
- ½ Tasse gehackter gekochter Speck oder Garnelen (optional)
- ¼ Tasse Mayonnaise
- 2 Esslöffel Worcestershire-Sauce
- 1 Esslöffel Sojasauce
- Bonitoflocken (getrocknete Fischflocken) und eingelegter Ingwer zum Servieren

ANWEISUNGEN:

a) In einer großen Schüssel Kohl, Mehl, Wasser, Eier, Frühlingszwiebeln und gekochten Speck oder Garnelen (falls verwendet) vermischen. Gut mischen.

b) Erhitzen Sie eine beschichtete Pfanne oder Grillplatte bei mittlerer Hitze und fetten Sie sie leicht ein.

c) Gießen Sie ¼ Tasse Teig in die Pfanne und verteilen Sie ihn kreisförmig.

d) 3–4 Minuten backen, bis die Unterseite goldbraun ist, dann umdrehen und weitere 3–4 Minuten backen.

e) Mit dem restlichen Teig wiederholen. Servieren Sie das Okonomiyaki mit Mayonnaise, Worcestershire-Sauce und Sojasauce. Mit Bonitoflocken bestreuen und mit eingelegtem Ingwer servieren.

79.Rotkohl-Grapefruitsalat

ZUTATEN:
- 4 Tassen dünn geschnittener Rotkohl
- 2 Tassen segmentierte Grapefruit
- 3 Esslöffel getrocknete Preiselbeeren
- 2 Esslöffel Kürbiskerne

ANWEISUNGEN:
a) Salatzutaten in eine große Rührschüssel geben und vermischen.

80.Kohl-Schweinefleisch-Gyoza

ZUTATEN:
- 1 Pfund (454 g) Schweinehackfleisch
- 1 Kopf Chinakohl (ca. 454 g), in dünne Scheiben geschnitten und gehackt
- ½ Tasse gehackte Frühlingszwiebeln
- 1 Teelöffel gehackter frischer Schnittlauch
- 1 Teelöffel Sojasauce
- 1 Teelöffel gehackter frischer Ingwer
- 1 Esslöffel gehackter Knoblauch
- 1 Teelöffel Kristallzucker
- 2 Teelöffel koscheres Salz
- 48 bis 50 Wan-Tan- oder Knödelhüllen
- Kochspray

ANWEISUNGEN

a) Besprühen Sie den Korb der Heißluftfritteuse mit Kochspray. Beiseite legen.
b) Füllung zubereiten: Alle Zutaten außer den Wraps in einer großen Schüssel vermischen. Umrühren, um alles gut zu vermischen.
c) Falten Sie eine Verpackung auf einer sauberen Arbeitsfläche auseinander und tupfen Sie die Ränder dann mit etwas Wasser ab. Geben Sie zwei Teelöffel der Füllmischung in die Mitte.
d) Machen Sie die Gyoza : Falten Sie die Verpackung zum Füllen um und drücken Sie die Ränder fest, um sie zu verschließen. Falls gewünscht, die Kanten falten. Wiederholen Sie den Vorgang mit den restlichen Wraps und Füllungen.
e) Gyozas in der Pfanne anrichten und mit Kochspray besprühen.
f) Stellen Sie den Heißluftfritteusenkorb auf die Backform und schieben Sie ihn in Rostposition 2, wählen Sie Heißluftfrittieren, stellen Sie die Temperatur auf 182 °C (360 °F) und die Zeit auf 10 Minuten ein.
g) Nach der Hälfte der Garzeit die Gyozas wenden .
h) Nach dem Kochen sind die Gyozas goldbraun.
i) Sofort servieren.

81. Vegetarische Wonton- Suppe

ZUTATEN:
- Wan-Tan-Wrapper
- 1/2 Tasse gehackte Pilze
- 1/2 Tasse gehackte Karotten
- 1/2 Tasse gehackter Sellerie
- 1/2 Tasse gehackter Kohl
- 1/4 Tasse gehackte Frühlingszwiebeln
- 2 Knoblauchzehen, gehackt
- 1 EL Sojasauce
- 1 EL Sesamöl
- 6 Tassen Gemüsebrühe

ANWEISUNGEN

a) In einer Pfanne Pilze, Karotten, Sellerie, Kohl, Frühlingszwiebeln und Knoblauch einige Minuten anbraten.

b) Fügen Sie Sojasauce und Sesamöl hinzu und kochen Sie weiter, bis das Gemüse zart ist.

c) Geben Sie einen kleinen Löffel der Gemüsemischung in die Mitte jedes Wan-Tan-Wraps.

d) Befeuchten Sie die Ränder der Wan-Tan-Hülle mit Wasser, falten Sie sie zur Hälfte und drücken Sie sie fest, um sie zu verschließen.

e) In einem Topf die Gemüsebrühe zum Kochen bringen.

f) Die Wontons in den Topf geben und 5-7 Minuten kochen lassen, oder bis sie an der Oberfläche schwimmen.

g) Heiß servieren.

82. Kohl- Fisch-Tacos

ZUTATEN:
- 1 Pfund Weißfisch, wie Kabeljau oder Tilapia
- 1/2 Tasse Ananassaft
- 1/2 Tasse Kokosmilch
- 1 Esslöffel dunkler Rum
- 1 Esslöffel Olivenöl
- 1/2 Teelöffel gemahlener Kreuzkümmel
- 1/2 Teelöffel Paprika
- 1/2 Teelöffel Knoblauchpulver
- 1/2 Teelöffel Salz
- 1/4 Teelöffel schwarzer Pfeffer
- Mais-Tortillas
- Geschredderter Kohl
- Ananasstücke
- Ungesüßte Kokosraspeln
- Koriander zum Garnieren

ANWEISUNGEN

a) In einer Rührschüssel Ananassaft, Kokosmilch, dunklen Rum, Olivenöl, Kreuzkümmel, Paprika, Knoblauchpulver, Salz und schwarzen Pfeffer verrühren.
b) Den Fisch in die Rührschüssel geben und vermischen.
c) Die Schüssel abdecken und im Kühlschrank mindestens 30 Minuten marinieren.
d) Einen Grill auf mittlere bis hohe Hitze vorheizen.
e) Den Fisch auf jeder Seite 2-3 Minuten grillen, bis er gar ist.
f) Die Maistortillas auf dem Grill erwärmen.
g) 7. Stellen Sie die Tacos zusammen, indem Sie ein paar Fischstücke auf jede Tortilla legen und sie mit geriebenem Kohl, Ananasstücken, ungesüßten Kokosraspeln und Koriander belegen.
h) Sofort servieren.

83. Schweinefilet-Crostini mit Kohlsalat

ZUTATEN:
- 2 Esslöffel Olivenöl
- 2 Knoblauchzehen, gehackt
- ½ Teelöffel Salz
- ¼ Teelöffel schwarzer Pfeffer
- 1 Schweinefilet, getrimmt
- 1 französisches Baguette, in ½-Zoll-Scheiben geschnitten
- 3 Esslöffel Butter, geschmolzen
- 2 Unzen Frischkäse, weich
- 2 Esslöffel Mayonnaise
- 2 Teelöffel gehackter frischer Thymian, plus mehr zum Garnieren

APFEL-KOHL-SALAT
- 3 Esslöffel Olivenöl
- ½ kleiner Granny-Smith-Apfel, in dünne Scheiben geschnitten
- 2 ½ Tassen fein geraspelter Rotkohl
- 2 Esslöffel Balsamico-Essig
- ¼ Teelöffel Salz
- ¼ Teelöffel schwarzer Pfeffer

ANWEISUNGEN:

a) Kombinieren Sie 2 Esslöffel Olivenöl, Knoblauch, Salz und Pfeffer in einer mittelgroßen Schüssel.
b) Schweinefleisch hinzufügen und wenden, um es zu beschichten.
c) Mit Frischhaltefolie abdecken und 20 Minuten bei Zimmertemperatur marinieren lassen.
d) Ofen vorheizen auf 350 Grad.
e) Erhitzen Sie eine große ofenfeste Pfanne bei mittlerer bis hoher Hitze. Schweinefleisch hinzufügen und von allen Seiten anbraten.
f) Die Pfanne in den Ofen stellen und das Schweinefleisch 15–20 Minuten braten.
g) Das Schweinefleisch vollständig abkühlen lassen und in ¼-Zoll-Scheiben schneiden.
h) Frischkäse, Mayonnaise und Thymian in einer kleinen Schüssel vermischen und glatt rühren. Beiseite legen.

APFEL-KOHL-SALAT

i) 3 Esslöffel Olivenöl in einer Pfanne erhitzen.
j) Äpfel hinzufügen und 1 Minute kochen lassen, dabei häufig umrühren.
k) Kohl hinzufügen und 5 Minuten kochen lassen.
l) Essig, Salz und Pfeffer hinzufügen und 4 bis 5 Minuten unter häufigem Rühren kochen, bis die Flüssigkeit verdampft ist.

MONTIEREN:

m) Beide Seiten der Baguettescheiben mit zerlassener Butter bestreichen.
n) Bei 350 °C 10 bis 12 Minuten backen, bis die Ränder leicht gebräunt sind.
o) Die Frischkäsemischung auf einer Seite jeder Brotscheibe verteilen.
p) Mit 1 bis 2 Scheiben Schweinefleisch belegen.
q) Rotkohl darauf schichten.

84. Açaí- Bowl mit Pfirsichen und Kohl-Microgreens

ZUTATEN:
- ½ Tasse Kohl-Microgreens
- 1 gefrorene Banane
- 1 Tasse gefrorene rote Beeren
- 4 Esslöffel Açaí-Pulver
- ¾ Tasse Mandel- oder Kokosmilch
- ½ Tasse griechischer Naturjoghurt
- ¼ Teelöffel Mandelextrakt

GARNIERUNG:
- Geröstete Kokosflocken
- Frische Pfirsichscheiben
- Müsli oder geröstete Nüsse/Samen
- Ein Spritzer Honig

ANWEISUNGEN:

a) Milch und Joghurt in einem großen Hochleistungsmixer mixen. Fügen Sie die gefrorenen Früchte Açaí, Kohl-Microgreens und Mandelextrakt hinzu.

b) Bei niedriger Temperatur weiter mixen, bis eine glatte Masse entsteht, nur bei Bedarf weitere Flüssigkeit hinzufügen. Es sollte DICK und cremig sein, wie Eis!

c) Teilen Sie den Smoothie auf zwei Schüsseln auf und belegen Sie ihn mit Ihren Lieblingszutaten.

84. Açaí- Bowl mit Pfirsichen und Kohl-Microgreens

ZUTATEN:
- ½ Tasse Kohl-Microgreens
- 1 gefrorene Banane
- 1 Tasse gefrorene rote Beeren
- 4 Esslöffel Açaí -Pulver
- ¾ Tasse Mandel- oder Kokosmilch
- ½ Tasse griechischer Naturjoghurt
- ¼ Teelöffel Mandelextrakt

GARNIERUNG:
- Geröstete Kokosflocken
- Frische Pfirsichscheiben
- Müsli oder geröstete Nüsse/Samen
- Ein Spritzer Honig

ANWEISUNGEN:

a) Milch und Joghurt in einem großen Hochleistungsmixer mixen. Fügen Sie die gefrorenen Früchte Açaí , Kohl-Microgreens und Mandelextrakt hinzu.

b) Bei niedriger Temperatur weiter mixen, bis eine glatte Masse entsteht, nur bei Bedarf weitere Flüssigkeit hinzufügen. Es sollte DICK und cremig sein, wie Eis!

c) Teilen Sie den Smoothie auf zwei Schüsseln auf und belegen Sie ihn mit Ihren Lieblingszutaten.

85. Obst- und Kohlsalat

ZUTATEN:
- 2 Orangen , geschält und in Scheiben geschnitten
- 2 Äpfel , gehackt
- 2 Tassen Grünkohl , zerkleinert
- 1 Tasse kernlose grüne Weintrauben
- ½ Tasse Schlagsahne
- 1 Esslöffel Zucker
- 1 Esslöffel Zitronensaft
- ¼ Teelöffel Salz
- ¼ Tasse Mayonnaise/Salatdressing

ANWEISUNGEN:

a) Orangen, Äpfel, Kohl und Weintrauben in eine Schüssel geben.

b) Schlagsahne in einer gekühlten Schüssel steif schlagen. Schlagsahne, Zucker, Zitronensaft und Salz unter die Mayonnaise heben.

c) Unter die Fruchtmischung rühren.

86. Red Velvet-Salat mit Roter Bete und Mozzarella

ZUTATEN:

- ½ Rotkohl
- ½ Limettensaft
- 3 Esslöffel Rote-Bete-Saft
- 3 Esslöffel Agavensirup
- 3 gekochte Rote Bete
- 150 gr kleine Mozzarella-Käsebällchen
- 2 Esslöffel Schnittlauch fein gehackt
- 2 Esslöffel Pinienkerne geröstet

ANWEISUNGEN:

a) Den Rotkohl mit einem Sparschäler in feine Streifen schneiden.
b) Nehmen Sie eine Rührschüssel und vermischen Sie den Rote-Bete-Saft mit 2 Esslöffeln Agavensirup und dem Saft einer halben Limette.
c) Mit dem geschnittenen Rotkohl vermischen und eine halbe Stunde marinieren lassen.
d) Anschließend lässt man den Kohl in einem Sieb abtropfen.
e) Parisienne- Kugel kleine Kugeln geformt .
f) Bestreuen Sie diese Kugeln mit 1 Esslöffel Agavensirup.
g) Die Pinienkerne in einer Pfanne rösten, bis sie goldbraun sind. Den abgetropften Rotkohl in eine Schüssel geben.
h) Rote Bete und Mozzarella-Kugeln darauflegen. Die Pinienkerne und den fein gehackten Schnittlauch darüber verteilen.

87. Kohl und Orangensaft

ZUTATEN:
- 1 grüner Apfel
- 1 Orange
- 1 Teelöffel Spirulina-Pulver
- 4 Blätter Rotkohl

ANWEISUNGEN:
a) Den grünen Apfel entkernen und die Orange schälen.
b) Geben Sie sie zusammen mit Kohl und Spirulina-Pulver in einen Entsafter.
c) Auspressen und sofort servieren.

88. Frühlingskohlsuppe mit knusprigen Algen

ZUTATEN:
- 4 Esslöffel Butter
- 1 Tasse Kartoffeln, geschält und gehackt
- ¾ Tasse gehackte Zwiebeln
- Salz und frisch gemahlener schwarzer Pfeffer
- 3¾ Tasse leichte hausgemachte Hühnerbrühe
- 3½ Tassen gehackte junge Frühlingskohlblätter
- ¼ Tasse Sahne
- Knusprige Algen
- Wirsing
- Öl zum braten
- Salz
- Zucker

ANWEISUNGEN:

a) Die Butter in einer schweren Pfanne schmelzen. Sobald es schäumt, Kartoffeln und Zwiebeln dazugeben und in der Butter wenden, bis alles gut bedeckt ist. Mit Salz und Pfeffer bestreuen. Zugedeckt bei schwacher Hitze 10 Minuten anschwitzen. Die Brühe hinzufügen und kochen, bis die Kartoffeln weich sind.

b) Den Kohl hinzufügen und ohne Deckel kochen, bis der Kohl gerade gar ist – eine Sache von 4 bis 5 Minuten. Bei geschlossenem Deckel bleibt die grüne Farbe erhalten.

c) Um die knusprigen Algen zuzubereiten, entfernen Sie die äußeren Blätter vom Kohl und schneiden Sie die Stängel heraus. Rollen Sie die Blätter zu Zigarren und schneiden Sie sie mit einem sehr scharfen Messer in möglichst dünne Streifen. Erhitzen Sie das Öl in einer Fritteuse auf 350 Grad F. Geben Sie etwas Kohl hinein und kochen Sie es nur ein paar Sekunden lang. Sobald es knusprig wird, nehmen Sie es heraus und lassen Sie es auf Küchenpapier abtropfen.

d) Mit Salz und Zucker bestreuen. Mischen und als Beilage zur Suppe servieren oder einfach nur knabbern.

e) Die Suppe in einem Mixer oder einer Küchenmaschine pürieren. Abschmecken und nachwürzen.

f) Vor dem Servieren die Sahne hinzufügen. Allein oder mit einem Haufen knuspriger Seetang darauf servieren.

89.Kohl-Granatapfel-Salat

ZUTATEN:
- 1 Tasse Kohl – gerieben
- ½ Granatapfel, Kerne entfernt
- ¼ Esslöffel Senfkörner
- ¼ Esslöffel Kreuzkümmelsamen
- 4–5 Curryblätter
- Asafoetida kneifen
- 1 Esslöffel Öl
- Salz und Zucker nach Geschmack
- Zitronensaft nach Geschmack
- Frische Korianderblätter

ANWEISUNGEN:
a) Granatapfel und Kohl vermengen.
b) Die Senfkörner mit dem Öl in einer Pfanne erhitzen.
c) Kreuzkümmel, Curryblätter und Asafoetida in die Pfanne geben.
d) Die Gewürzmischung mit dem Kohl vermischen.
e) Zucker, Salz und Zitronensaft hinzufügen und gründlich vermischen.
f) Mit Koriander garniert servieren.

90. Rindfleischsalat mit eingelegten Goji-Beeren

ZUTATEN:
- 2 Rib-Eye-Steaks
- Cashew-Dressing

FÜR DIE MARINADE:
- Schale von 2 Limetten
- 3 Esslöffel Limettensaft
- 2 Knoblauchzehen, gehackt
- 1 Esslöffel frisch geriebener Ingwer
- 1 Esslöffel Honig
- 2 Teelöffel Fischsauce
- 1 Esslöffel geröstetes Sesamöl
- 2 Esslöffel Pflanzenöl

FÜR DIE EINGELEGTEN GOJI-BEEREN:
- 3 Esslöffel Apfelessig, erwärmt
- 2 Teelöffel Honig
- ½ Teelöffel feines Salz
- ⅓ Tasse Goji-Beeren

FÜR DEN SALAT:
- 4 Minigurken, in dünne Scheiben geschnitten
- 1 kleiner Rotkohl, zerkleinert
- 1 kleiner Grünkohl, zerkleinert
- 2 Karotten, geschält und dünn gehobelt
- 4 Frühlingszwiebeln, fein geschnitten
- 1 rote Chilischote, Kerne abgekratzt und fein geschnitten
- Jeweils eine halbe Tasse frische Minze, Koriander und Basilikum
- 2 Esslöffel geröstete Sesamkörner zum Schluss
- ¼ Teelöffel getrocknete rote Chiliflocken

ANWEISUNGEN:

a) Für die Marinade alle Zutaten in eine kleine Rührschüssel geben und verrühren.

b) Legen Sie die Steaks in eine nicht reaktive Schüssel. Die Hälfte der Marinade darüberträufeln. Abdecken und mehrere Stunden lang im Kühlschrank marinieren lassen. Bewahren Sie die übrig gebliebene Marinade auf, um den Salat anzurichten.

c) Für die eingelegten Goji-Beeren alle Zutaten in einer Schüssel vermischen. Zum Mazerieren 30 Minuten ruhen lassen.

d) Bringen Sie die marinierten Steaks vor dem Grillen auf Zimmertemperatur. Erhitzen Sie einen Le Creuset 30 cm Gusseisen-Signature-Flachgrill, bis er heiß ist. Die Steaks auf mittlerer bis hoher Stufe 3–4 Minuten scharf anbraten. Wenden und weitere 3 Minuten garen, oder bis es nach Wunsch fertig ist. Vor dem Schneiden 5-7 Minuten ruhen lassen.

e) Geben Sie alle Salatzutaten außer den Sesamkörnern in eine große Schüssel. Die beiseite gestellte Marinade dazugeben und leicht umrühren, bis alles bedeckt ist. Den Salat auf einen Servierteller geben. Das geschnittene Steak auf dem Salat anrichten. Mit Sesam bestreuen und das Cashew-Dressing dazu servieren.

91. Kohl-Rüben-Suppe

ZUTATEN:
- 1 mittlerer Kohl; in Scheiben oder Keile schneiden
- 3 Knoblauch; Nelken gehackt
- Rüben; Bündel
- 3 Karotte; wenige
- 1 kg Zwiebel
- 2 Sellerie; Stiele in Drittel schneiden
- 3 Pfund Knochen; Fleisch/Markknochen
- 2 Zitrone
- 2 Dosen Tomaten; nicht abtropfen lassen

ANWEISUNGEN:

a) Geben Sie Fleisch und Knochen in einen 8- oder 12-Liter-Suppentopf. Tomaten in Dosen füllen, mit Wasser bedecken und zum Kochen bringen.

b) Bereiten Sie in der Zwischenzeit Ihr Gemüse vor. Rüben und Karotten in Scheiben schneiden, andere im Ganzen. Wenn die Brühe kocht, den oberen Rand abschöpfen.

c) Geben Sie Rüben, Karotten, Knoblauch und anderes Gemüse hinein. Reduzieren Sie die Hitze auf köcheln und halten Sie den Deckel schräg.

d) Nach etwa einer Stunde Knoblauch und Zucker hinzufügen.

92.Rotkohl mit Chrysanthemen s

ZUTATEN:
- 1 Rotkohl, entkernt und dünn geschnitten
- ¼ Tasse Butter
- 1 Zwiebel, in Ringe geschnitten
- 2 große Äpfel, geschält, entkernt, in dünne Scheiben geschnitten
- 2 Esslöffel gelbe Chrysanthemenblüten
- 2 Esslöffel brauner Zucker
- Kaltes Wasser
- 4 Esslöffel Rotweinessig
- Meersalz
- Pfeffer
- Butter
- Frische Chrysanthemenblüten

ANWEISUNGEN:
a) Den Rotkohl 1 Minute in kochendem Wasser blanchieren.
b) Abgießen, erfrischen und beiseite stellen. Die Butter in einer Bratpfanne erhitzen, die Zwiebelringe hineingeben und 4 Minuten anschwitzen, bis sie weich sind.
c) Die Apfelscheiben einrühren und 1 weitere Minute kochen lassen.
d) Geben Sie den Kohl in einen tiefen, feuerfesten Topf mit dicht schließendem Deckel.
e) Zwiebeln, Äpfel und Chrysanthemenblätter untermischen und alle Zutaten wenden, sodass sie gut mit der Butter bedeckt sind.
f) Den Zucker darüberstreuen und mit Wasser und Essig aufgießen. Leicht würzen.
g) Bei schwacher Hitze oder im Ofen bei 325F/170/Gas 3 1½–2 Stunden kochen, bis der Kohl weich ist.
h) Kurz vor dem Servieren ein gutes Stück Butter und einige frische Chrysanthemenblätter hinzufügen.

93.Kohlpfanne

ZUTATEN:
- 1 kleiner Kohl, zerkleinert
- 1 Karotte, Julienne
- 1 Paprika, in dünne Scheiben geschnitten
- 2 Knoblauchzehen, gehackt
- 2 Esslöffel Sojasauce
- 1 Esslöffel Sesamöl
- 1 Esslöffel Pflanzenöl
- Salz und Pfeffer nach Geschmack

ANWEISUNGEN:
a) Pflanzenöl in einer Pfanne bei mittlerer Hitze erhitzen.
b) Den gehackten Knoblauch hinzufügen und anbraten, bis er duftet.
c) Fügen Sie geriebenen Kohl, Julienne-Karotten und geschnittene Paprika hinzu. 5–7 Minuten unter Rühren braten, bis das Gemüse zart-knusprig ist.
d) Sojasauce und Sesamöl über das Gemüse gießen und gut vermischen.
e) Mit Salz und Pfeffer abschmecken.
f) Heiß servieren und genießen!

94.Kohlrouladen

ZUTATEN:
- 1 großer Kohl
- 1 Pfund Rinderhackfleisch
- 1 Tasse gekochter Reis
- 1 Zwiebel, fein gehackt
- 1 Dose Tomatensauce
- 1 Teelöffel italienisches Gewürz
- Salz und Pfeffer nach Geschmack

ANWEISUNGEN:
a) Kohlblätter kochen, bis sie geschmeidig sind, dann abkühlen lassen und beiseite stellen.
b) In einer Schüssel Rinderhackfleisch, gekochten Reis, gehackte Zwiebeln, italienische Gewürze, Salz und Pfeffer vermischen.
c) Auf jedes Kohlblatt einen Löffel der Mischung geben und fest einrollen.
d) Die Brötchen in eine Auflaufform legen und mit Tomatensoße übergießen.
e) Bei 175 °C (350 °F) 30–40 Minuten backen.
f) Mit zusätzlicher Soße servieren und genießen!

95.Kohl-Wurst-Suppe

ZUTATEN:
- 1/2 Kohlkopf, gehackt
- 1 Pfund geräucherte Wurst, in Scheiben geschnitten
- 1 Zwiebel, gewürfelt
- 2 Karotten, in Scheiben geschnitten
- 3 Knoblauchzehen, gehackt
- 4 Tassen Hühnerbrühe
- 1 Dose gewürfelte Tomaten
- 1 Teelöffel getrockneter Thymian
- Salz und Pfeffer nach Geschmack

ANWEISUNGEN:
a) In einem großen Topf die Wurst anbraten, bis sie braun ist.
b) Zwiebeln und Knoblauch hinzufügen und kochen, bis sie weich sind.
c) Kohl, Karotten, Hühnerbrühe, Tomatenwürfel, Thymian, Salz und Pfeffer unterrühren.
d) 20–25 Minuten köcheln lassen, bis das Gemüse weich ist.
e) Nachwürzen und heiß servieren.

96. Kohlsalat mit Zitronendressing

ZUTATEN:
- 1/2 Kohlkopf, gehackt
- 1 Pfund geräucherte Wurst, in Scheiben geschnitten
- 1 Zwiebel, gewürfelt
- 2 Karotten, in Scheiben geschnitten
- 3 Knoblauchzehen, gehackt
- 4 Tassen Hühnerbrühe
- 1 Dose gewürfelte Tomaten
- 1 Teelöffel getrockneter Thymian
- Salz und Pfeffer nach Geschmack

ANWEISUNGEN:
a) In einem großen Topf die Wurst anbraten, bis sie braun ist.
b) Zwiebeln und Knoblauch hinzufügen und kochen, bis sie weich sind.
c) Kohl, Karotten, Hühnerbrühe, Tomatenwürfel, Thymian, Salz und Pfeffer unterrühren.
d) 20–25 Minuten köcheln lassen, bis das Gemüse weich ist.
e) Nachwürzen und heiß servieren.

96.Kohlsalat mit Zitronendressing

ZUTATEN:
- 1/2 Kopf Rotkohl, in dünne Scheiben geschnitten
- 1 Tasse geraspelte Karotten
- 1/4 Tasse gehackte frische Petersilie
- 1/4 Tasse Olivenöl
- Saft von 1 Zitrone
- 1 Esslöffel Honig
- Salz und Pfeffer nach Geschmack

ANWEISUNGEN:
a) In einer großen Schüssel geschnittenen Kohl, geraspelte Karotten und gehackte Petersilie vermengen.
b) In einer kleinen Schüssel Olivenöl, Zitronensaft, Honig, Salz und Pfeffer verrühren.
c) Das Dressing über die Kohlmischung gießen und vermischen.
d) Vor dem Servieren 30 Minuten im Kühlschrank lagern.

97. Kohl-Kartoffel-Curry

ZUTATEN:
- 1 kleiner Kohl, gehackt
- 3 Kartoffeln, geschält und gewürfelt
- 1 Zwiebel, fein gehackt
- 2 Tomaten, gewürfelt
- 2 Esslöffel Currypulver
- 1 Teelöffel Kreuzkümmelsamen
- 1 Teelöffel Kurkuma
- 1 Tasse Kokosmilch
- Salz nach Geschmack

ANWEISUNGEN:
a) In einer Pfanne Öl erhitzen und Kreuzkümmel hinzufügen. Wenn sie spritzen, gehackte Zwiebeln dazugeben und goldbraun anbraten.
b) Currypulver und Kurkuma hinzufügen und eine Minute rühren.
c) Gewürfelte Kartoffeln und Tomaten dazugeben und kochen, bis die Kartoffeln leicht zart sind.
d) Gehackten Kohl, Kokosmilch und Salz hinzufügen. Abdecken und köcheln lassen, bis das Gemüse gar ist.
e) Heiß mit Reis oder Brot servieren.

98.Kohl-Garnelen-Pfanne

ZUTATEN:
- 1 kleiner Kohl, in dünne Scheiben geschnitten
- 1 Pfund Garnelen, geschält und entdarmt
- 1 rote Paprika, in Scheiben geschnitten
- 2 Esslöffel Sojasauce
- 1 Esslöffel Austernsauce
- 1 Esslöffel Ingwer, gehackt
- 2 Esslöffel Pflanzenöl
- Frühlingszwiebeln zum Garnieren

ANWEISUNGEN:
a) Pflanzenöl in einem Wok oder einer großen Pfanne erhitzen.
b) Gehackten Ingwer und geschnittene Paprika dazugeben und 2 Minuten unter Rühren braten.
c) Garnelen hinzufügen und kochen, bis sie rosa werden.
d) Den in dünne Scheiben geschnittenen Kohl dazugeben und unter Rühren anbraten, bis der Kohl zart-knusprig ist.
e) Sojasauce und Austernsauce über die Pfanne gießen und gut vermischen.
f) Mit Frühlingszwiebeln garnieren und über Reis servieren.

99.Kohl-Pilz-Pfanne

ZUTATEN:
- 1 kleiner Kohl, in dünne Scheiben geschnitten
- 1 Tasse Champignons, in Scheiben geschnitten
- 1 rote Zwiebel, in dünne Scheiben geschnitten
- 3 Esslöffel Sojasauce
- 1 Esslöffel Reisessig
- 1 Esslöffel Sesamöl
- 1 Teelöffel Zucker
- 2 Esslöffel Pflanzenöl

ANWEISUNGEN:
a) Pflanzenöl in einem Wok oder einer Pfanne erhitzen.
b) In Scheiben geschnittene Pilze und rote Zwiebeln hinzufügen und unter Rühren anbraten, bis die Pilze ihre Feuchtigkeit abgeben.
c) Fügen Sie dünn geschnittenen Kohl hinzu und braten Sie weiter, bis das Gemüse weich ist.
d) In einer kleinen Schüssel Sojasauce, Reisessig, Sesamöl und Zucker vermischen. Über das Gemüse gießen und vermischen.
e) Heiß als Beilage oder über Reis servieren.

100.Kohl-Erdnuss-Salat

ZUTATEN:
- 1/2 Kopf Rotkohl, zerkleinert
- 1 Tasse geraspelte Karotten
- 1/2 Tasse gehackte Erdnüsse
- 2 Esslöffel Sojasauce
- 1 Esslöffel Reisessig
- 1 Esslöffel Sesamöl
- 1 Teelöffel Honig
- Gehackter Koriander zum Garnieren

ANWEISUNGEN:
a) In einer großen Schüssel geraspelten Rotkohl und geraspelte Karotten vermengen.
b) In einer kleinen Schüssel Sojasauce, Reisessig, Sesamöl und Honig verrühren.
c) Gießen Sie das Dressing über die Kohlmischung und rühren Sie um, bis alles gut bedeckt ist.
d) Gehackte Erdnüsse und Koriander darüber streuen.
e) Vor dem Servieren 30 Minuten im Kühlschrank lagern.

ABSCHLUSS

Zum Abschluss unserer Geschmacksreise durch „Kochbuch "nützlicher kohl und kimchi" hoffen wir, dass Sie die Freude erlebt haben, nährstoffreichen Kohl und die kräftigen Aromen von Kimchi in Ihr kulinarisches Repertoire zu integrieren. Jedes Rezept auf diesen Seiten ist eine Hommage an die vielfältigen Kohlsorten und die transformative Kraft der Fermentation – ein Beweis für die köstlichen und gesunden Möglichkeiten, die Sie in Ihrer Küche erwarten.

Ganz gleich, ob Sie die klassische Würze von Chinakohl-Kimchi genossen, mit einfallsreichem Rotkohl-Kimchi experimentiert oder die Vielseitigkeit von Wirsing in Kimchi-Variationen ausprobiert haben, wir vertrauen darauf, dass diese 100 Rezepte Ihre Begeisterung für die Erkundung der Welt von Kohl und Kimchi geweckt haben. Möge das Konzept des gesunden Kohls und der Kimchi-Zubereitung über die Zutaten und Techniken hinaus eine Inspirationsquelle sein und Ihre Küche zu einem Zentrum nahrhafter und geschmackvoller Kreationen machen.

Möge „Kochbuch "nützlicher kohl und kimchi" Ihr vertrauenswürdiger Begleiter sein, während Sie die Welt des Kohls und Kimchi weiter erkunden und Sie durch eine Vielzahl köstlicher Optionen führen, die die Güte dieser Zutaten auf Ihren Tisch bringen. Wir feiern die gesunde und geschmackvolle Reise durch Kohl und Kimchi – guten Appetit!

www.ingramcontent.com/pod-product-compliance
Lightning Source LLC
Chambersburg PA
CBHW071325110526
44591CB00010B/1025